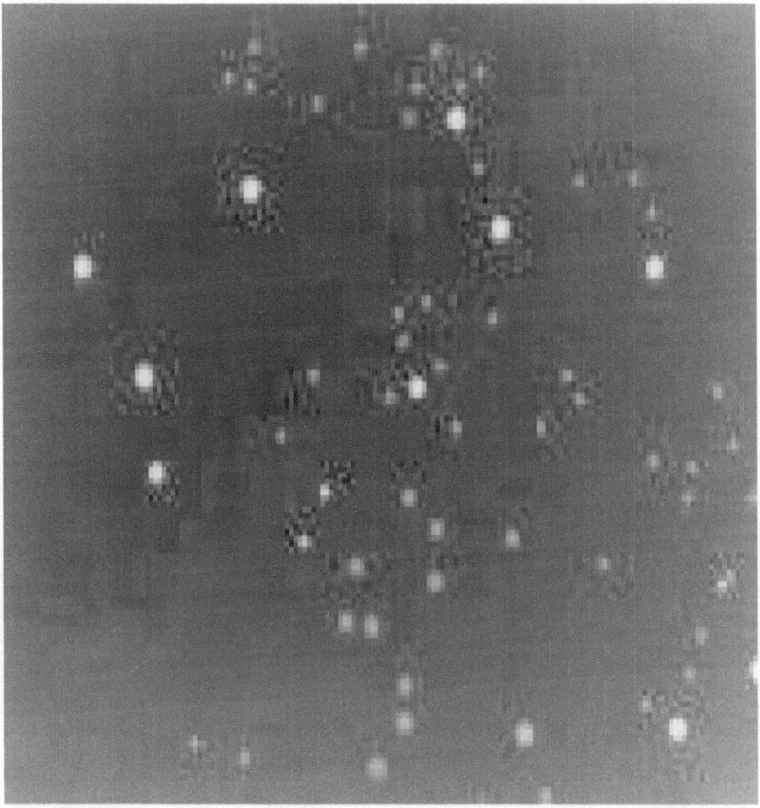

H.H.

Ein tiefer Blick zu später Stunde in den Nachthimmel!

Die Dimensionen am Firmament sind fast unendlich, denn dieses Bild zeigt vielleicht gerade Mal einen Quadratzentimeter von tausenden von Quadratkilometer Weltraum.

© 2020 Harry H.Clever

Techn. Beratung Frank Maier-Hasenclever

Verlag: tredition GmbH, Hamburg

ISBN: 978-3-7482-1034-4

ISBN: 978-3-7482-1478-6 (Paperback)

ISBN: 978-3-7482-1373-4 (Hardcover)

Das Werk, einschließlich seiner Teile, ist urheberrechtlich geschützt. Jede Verwertung ist ohne Zustimmung des Verlages und des Autors unzulässig. Dies gilt insbesondere für die elektronische oder sonstige Vervielfältigung, Übersetzung, Verbreitung und öffentliche Zugänglichmachung.

Bibliografische Information der Deutschen Nationalbibliothek: Die Deutsche Nationalbibliothek verzeichnet diese Publikation in der Deutschen Nationalbibliografie; detaillierte bibliografische Daten sind im Internet über http://dnb.d-nb.de abrufbar.

Sternenkucker

Erde, Sterne und All + Tausend Fragen!

neue Auflage

Harry H. Clever

Vorwort

Seit Menschheitsgedenken schaut der Mensch zum Himmel hinauf, in den meisten Fällen aber wohl um das Wetter zu begutachten. Vor vielen Jahren war das besonders in der Landwirtschaft unerlässlich, denn keiner war vom Wetter so abhängig wie ein Bauer.

Doch auch im normalen Leben ist die voraussichtliche Wetter Bewertung der jeweiligen Witterung nötig, um sich entsprechend einzukleiden.

Ebenso gab es Leute die auch schon vor hunderten von Jahren das Geschehen am Firmament genau beobachtet haben, um den diversen Geheimnissen des Himmels und der Natur näher zu kommen. Zudem ist der Himmel über uns nicht nur ein Zeichen für Tag und Nacht, sondern auch für sehr viele Völker genau genommen der wichtigste spiritistische Mittelpunkt ihres Lebens.

Doch genaues über das Firmament, dem unendlichen Raum um unsere Erde herum und den benachbarten Gestirnen weiß im Grunde keiner wirklich genaueres, selbst in der heutigen technischen und aufgeklärten Zeit gibt es zu den fernen Galaxien und Sternen noch unendlich viele offene Fragen.

Die wohl wichtigste aller Fragen dürfte wohl sein, wieviel Schuld trägt der Mensch wirklich direkt an der sich verstärkenden Klimaveränderung, sie ist mittlerweile allerorten deutlich zu sehen und zu spüren, besonders die sehr wichtigen Eisregionen zeigen eindeutig das mit dem Klima auf der Erde schon längere Zeit es nicht mehr stimmt.

Dadurch stellt man schon länger fest das auch der Meeresspiegel unaufhaltsam und langsam sogar Ortschafts bedrohend ansteigt.

Doch kaum ein Mensch will davon unbedingt viel wissen, denn für die Meisten liegt die sich anbahnende gefährliche Situation immer noch in ferner Zukunft, doch diese Menschen übersehen, dass die Zukunft schon lange angefangen hat und schon längst da ist.

Fataler Weise schreibt man lieber dem Nebenmann die Natursünden zu, als selbst sich intensiv mit der Situation auseinander zu setzen.

Natürlich wird diese gewisse Gleichgültigkeit gerne von der Industrie ausgenützt, denn dadurch sichern sich viele Unternehmen Ihre Pfründe auf recht lange Sicht.

Wenn man über die Vielschichtigkeit der Themen nachdenkt, die indirekt mit dem Universum zusammenhängt, kommen mehr Fragen auf als man Antworten hat.

Mit den meisten dieser Fragen und Begebenheiten setzt sich der Auto ein wenig auch kritisch auseinander und versucht einige der für jeden so wichtigen Fragen und Überlegungen ein wenig zu hinterfragen.

Vielleicht geben einige der Antworten und Überlegungen auch ihnen einen Grund und Anlass einmal intensiver über unsere Welt und allem dazu gehörigem und drumherum, dem eben dazu gehörigen intensiver nachzudenken, und vielleicht sein eigenes Verhalten zu seiner Umwelt entsprechend ändert.

Geben Sterne wirklich Rat oder sogar Hilfe?

Vor über rund zweieinhalb Millionen Jahre etwa entstand schon das menschliche Leben auf der Erde, wogegen das Universum da schon, wie man inzwischen anscheinend festgestellt hat, viele Millionen Jahre Bestand hatte.

Die einzige Lichtquelle kam damals, über viele Jahrhunderte, eben nur von den Gestirnen die sich bei ihrer Himmelswanderschaft fortwährend zu verändern schienen und somit von Anfang an für die damalige Menschheit eine Mystische unerklärliche und ferne Macht war.

Irgendwie war für die ersten Erdenbewohner dieses sich stets wiederholende Himmelschauspiel der Pol um den sich alles zu drehen schien.

Steht diese imaginäre Macht dann auch für unsere Fehler mit und auf der Erde ein, wenn der Mensch unzählige Male wider aller Vernunft und den Naturgesetzen zu wieder handelt und fast bewusst seinen eigenen und besonders den Lebensraum von seinem Nachwuchs ernsthaft aufs Spiel setzt.

Erträgt die Erde weiterhin alle größenwahnninnige Experimente von Gestern und Heute, nur dem lieben Mammon oder Prestige wegen, oder auch die ungeheure Flut von Plastik und Abfall, wieso gibt es diesen Müll nicht als voll verrottbare oder sogar essbare Masse.

Welche verdrehte Auffassung herrscht doch heut zu Tage in den meisten Industrieregionen, man spart bei den Herstellungen von Material und Lebensnotwendigem egal wie ungesund es auch sein mag, um dann bei der späteren nötigen Entsorgung sehr tief in die ersparten Erträge greifen zu müssen.

Gänzlich nach einem doch widersinnigen Motto, dass man ständig und überall antreffen kann, es wird gespart, egal was es auch kosten mag, oder verbringt das Ganze dann für kleine Summen in ferne Länder.

Wäre ein Leben ohne Sterne und Firmament überhaupt auf der Erde möglich. Es handelt sich hier in dieser Niederschrift nicht um eine Wissenschaftliche oder abstrakte Zukunftsvision; sondern vielmehr um viele Fragen die sich mit der Erde und dem unendlichen Umfeld befassen, dass aber auch schon seit Urzeiten die Menschheit beschäftigt hat.

Ich möchte sie vielmehr hiermit, mit dieser Schrift auch einmal zum Mitdenken animieren und einladen.

Oh Himmel hilf!

Hilft es denn wirklich; wenn man die Sterne, oder das All mit einem tiefen Stoßseufzer wegen vermeintlich dringender Hilfe bei einer schwierigen Situation anfleht. Oder ist es nur ein Teil eines uralten Glaubens, dass ein Allmächtiger egal welcher Konfession dort Oben unsere Geschicke lenken und beeinflussen wird.

Ist das Gewölbe mit seiner schier unendlichen weite über uns wirklich ein Firmament voller großer Fragezeichen, denn es gibt im Grunde zu dem uns umgebenden Himmelsraum doch wohl mehr Fragen als fundierte Antworten.

Macht unser seit vielen Jahren fast gedankenlos produzierter Müll auf der Erde und im Weltraum wirklich unser Klima kaputt, oder müssen wir ihn irgendwann wirklich einmal essen, wenn wir es vielleicht nicht schon unbewusst tun.

Wie abhängig sind wir eigentlich auf der Erde von allen den uns umgebenden Sternen und Galaxien, abgesehen von Mond und Sonne. Aber wieso kommen eigentlich aber auch so viele Fragen auf, wenn man gelegentlich etwas weiter in den Hintergrund und vor allem in das schier endlose Firmament schaut.

Wieso und Warum?

Wieso und Warum sind wohl mit die liebsten Worte eines Kindes, was einen Erwachsenen aber auch so manches mal in Rage bringen kann, aber im Grunde doch eher erfreulich ist denn es bescheinigt doch auch eine ganz normale kindliche Wissbegierde.

Haben Sie sich nicht auch schon einmal gefragt wieso etwas funktioniert oder auch nicht funktioniert, manches mal hat man doch tatsächlich mehr Fragen als Antworten und das Gefühl das da doch eine unsichtbare Macht mit im täglichen Ablauf und Spiel ist.

Man kann ja fast alles in Frage stellen, was aber nicht unbedingt sogleich dem Fragesteller eine gewisse Dummheit bescheinigt, sondern es zeigt doch eher eine gesunde Wissbegierde und das auch alte Weisheiten und wissenschaftliche Erkenntnisse durch neuere Untersuchungen auch neue Erkenntnisse und vielleicht auch neue Grundwerte bringen können. Selbst der Begriff eines Kilos, der Begriff wurde erst 1889 mit dem Ur-Kilo allgemein festgelegt, sowie der Meter und andere Maßvorgaben wurden oder werden aber bereits wieder neu definiert in dem man verschiedene andere Berechnungen und Massen anstellte.

Also ist auch an solchen Begriffen festzustellen das eigentlich nichts für alle Ewigkeiten seine Gültigkeit hat und behält, wie auch ein Gelehrter einmal sagte, wenn sich auch alles auf der Welt ändern mag nur die Dummheit und Unbelehrbarkeit der Menschheit bleibt wohl die gleiche.

Da stellt sich aber doch auch gleich eine schwerwiegende Frage in welchen Größenordnungen muss man denn rechnen und denken, wenn es für gewisse Bereiche noch gar keine unumstößliche Maß und Bereichsangaben gibt.

Das Weltall zum Beispiel wird in seinen enormen Ausmaßen doch wohl auch als das Maß aller Dinge genannt, doch von welcher Größenordnung redet man denn da, gibt es da überhaupt einen Anfang oder ein Ende und welche anderen Einflüsse und Substanzen neben Wasser und Luft sind noch, nicht nur für uns Lebenswichtig und vorhanden.

Oberflächlich gesehen gibt es doch schon für alles eine vermeintliche Antwort und zum Teil aber auch vielleicht schon längst überholte Schulweisheiten.

Es bleibt ja auch, aber doch auch mehr aus Gewohnheit als aus Überzeugung wie seit unendlichen Zeiten schon dabei, alles hat irgendwie und wo doch einen Anfang und somit zwangsläufig dann auch ein Ende, aber auch damit oder auch gerade dadurch somit unendlich viele Fragen.

Aber wo ist zum Beispiel an unserem großen Firmament denn ein Anfang oder ein Ende zu sehen oder ist eventuell der Anfang zugleich auch das Ende.

Bei Entfernungsangaben im All wird meist in Lichtjahren gesprochen, doch wer kann sich da aber auch nur etwas darunter vorstellen, denn das Licht und die Jahre sind für einen normalen Menschen doch zwei grundsätzlich verschiedene Begriffe.

Die damit verbundenen Verwirrungen sind ja verständlich, denn diese Begriffe würde man normal so nicht zusammen gebrauchen um eine Entfernung zu benennen, doch die Erklärung sagt uns, dass ein Lichtsignal im All eben in einem Jahr eine gewisse begrenzte Strecke zurücklegt.

Alter, ist das für einen Menschen der gleiche Begriff wie für die Galaxie oder eben nur die aneinander Reihung von natürlichen erlebten Jahreszeiten und Jahren, aber wer gibt und gab denn für die so gemessene Zeit eigentlich den Sinn gebenden eigentlichen Maßstab.

In wieweit ist das große Universum, das Weltalter und das Menschenalter eigentlich miteinander oder voneinander abhängig.

Unsere volle Abhängigkeit vom Weltall und der Atmosphäre ist wohl Offensichtlich, wir können ohne sie gar nicht leben aber der Himmel, das Firmament kann ohne uns anscheinend bestens existieren.

Es gibt ja unzählige Sternengucker, die Einen aus beruflichen Gründen und Andere als Hobbyastronomen und wieder andere einfach nur zum Ausspannen, Sinnieren und Träumen, aber meistens dann auch ohne einen besonderen wissenschaftlichen tiefer greifenden Anlass.

Die meisten aller derartigen insgeheim anstehenden Fragen versuchen schon seit unendlich vielen Jahren Physiker und auch besonders Astrophysiker auf den Grund zu gehen, doch unwiderlegbare bis ins Detail gehende Beweise sind da eher doch eine gewisse Mangelware.

Liegt das nun daran, dass es auch besonders schwierig ist etwas konkret zu benennen das man eigentlich genau genommen noch gar nicht richtig gesehen hat, aber der Berechnung nach doch existent ist oder sein muss.

Genauso wird angenommen und gedeutet das alles in runder Form auch um uns herum zu sein scheint und daher vielleicht sich auch alles im Kreise sich bewegt.

Ist ihnen dabei auch schon mal der Gedanke gekommen eine fast utopische Frage zu beantworten, wie zum Beispiel, wann begann eigentlich die Zeit und wo Endet sie oder ist hier zugleich das Nirgends auch das Ende.

Wie man sieht, es gibt noch unendlich viel zu beantworten, selbst da wo man schon seit langer Zeit eigentlich der Meinung ist, dass so etwas schon längst beantwortet wurde.

Denn das, was schon Milliarden von Jahren Bestand hat, lässt sich nicht in Hundert Jahren völlig ergründen. Für einen normal gebildeten und realistisch denkenden Menschen erscheint einem so etwas doch so, als wenn man einen Traum als wahre Realität bezeichnen möchte.

Zudem kann anscheinend kaum jemand glaubhaft sagen was von unserer Erde Vis a Vis aus gesehen hinter unserer Sonne, hinter dem Mond oder auch der Erde selbst noch alles zu finden wäre und ist wirklich nur die jeweilige Schwerkraft das Alles bewegende Medium im Universum.

Ist im All die normale Richtungsangabe von unten oder oben überhaupt brauchbar, da es ja anscheinend dort ja keine dazu nötige Abgrenzung gibt.

Für uns Menschen ist die Erde, der Boden immer Unten, unter unseren Füßen und man schaut nach Oben in den Himmel, wenn aber mir gegenüber auf der mir abgewandten Welthalbkugel zum Beispiel in Australien Jemand auf die Erde unter seinen Füßen sieht, ist das dann auch Unten, oder vielleicht doch Oben, Hinten oder Vorne?

Es ist doch sehr verwirrend das man in dem uns umgebenden endlosen Luftraum anscheinend keine genaue Richtungsangabe nennen kann, man belässt es anscheinend einfach bei den alten überlieferten und gewohnten Begriffen.

Es ist praktisch gar nicht möglich in einem Menschenleben alle offenen Fragen zu stellen und auch endgültig beantwortet zu bekommen denn eine Antwort zieht nicht selten gleich mehr Fragen nach sich, als wirkliche Antworten.

Die Welt, das All, die Unendlichkeit!

Ist ein Alter von Hundert Jahren ein großer Teil der Zeit oder vielleicht auch nur ein Krümel der Ewigkeit und vor Allem was ist eigentlich eine Ewigkeit. Wie und Wer erstellte eigentlich wann den Begriff der Ewigkeit?

Doch dabei muss man bedenken, vor dieser prägenden Frage und Aussage haben doch auch schon unendlich viele Jahre Menschen auf der Welt existiert, die ihr erworbenes Wissen nur durch Zeichnungen und zum Teil durch Hieroglyphen in Unkenntnis einer Schrift weiter gegeben haben, man befragte aber auch damals schon wie ein Orakel die Sterne.

Denn auch der Begriff das Maß aller Dinge ist doch wohl genau genommen nur eine Definition eines mathematisch denkenden Menschen vor undenklich vielen Jahren gewesen, der sich aber damals nicht festlegen konnte oder wollte.

Oder heißt das einfach nur, dass etwas als Maßstab angeführt wird das keinerlei Begrenzung aufweist und eben auch unbeschreiblich in Form und Ausdehnung ist wie vielleicht auch unser Firmament, also eigentlich nur eine Auslegung für etwas undefinierbar Großes ist.

Die Sonne wird ja als unser Zentralgestirn bezeichnet, ist sie nun allein neben der Schwerkraft der alles bewegende und beeinflussende Faktor im gesamten All und auf der Erde und wie viele Sonnen mit ihren umgebenden Systemen gibt es eigentlich?

Als eine auch Zentrale Frage bewegt eigentlich die Menschheit schon von alters her, wie und woher ist die Erdkugel entstanden oder war sie einfach nur da, woran viele Gelehrte sich schon sehr oft den Kopf zerbrochen haben.

Doch eine unwiderlegbare Antwort hat man aber bis heute anscheinend nicht gefunden denn alle Antworten haben bis jetzt immer wieder auch Fragen ergeben.

Ist an der doch schon alten Behauptung, dass unsere Welt mit einem Urknall entstanden ist wirklich etwas Wahres daran, ist eine gigantische Explosion in den Urzeiten wirklich geschehen, oder war es nur ein Zusammenstoß oder Teilung zweier heutiger fast gleichwertiger Himmelsgebilde und zugleich dann auch die Geburt des Mondes, oder vom Mars, Merkur oder sonstigem Nebengestirn.

Diese doch schon sehr lange zurück liegende und unbewiesene gewisse These beinhaltet aber doch auch schon eine große Menge an Logik.

Wenn man aber den neueren Auslegungen der Erdengeschichte folgt, die auf einer recht alten logischen Erkenntnis eines Kirchenmenschen beruht, dann ergibt sich aus dieser Logik auch, dass alles Leben und Geschehen um uns herum im Grunde immer mit einer mehrfachen Zellteilung von Molekülen oder verschiedener Materialien beginnen oder begonnen haben.

Dann ist oder wäre es auch möglich, dass unsere Welt aus so einem Vorgang, der Zwangsweisen Zellteilung einmal entstanden ist.

Denn wenn bestimmte Moleküle und Zellen zusammen treffen dann vermehren sie sich eben durch Teilung oder auch Spaltung unentwegt weiter.

Dieser Vorgang ist oder war wohl so wie bei einer uns heute bekannten Kern beziehungsweise Atomspaltung, oder auch ähnlich wie bei einer Krebserkrankung.

Diese Erkenntnis als Vergleich von Materienverhalten wurde ja auch von einem Zeitgenossen, von Einstein damals vertreten obwohl zu der Zeit der Krankheitsbegriff Krebs noch gar nicht bekannt war.

Der ja auch wuchert und auch Nebengeschwülste als Metastasen absetzt, dann mit der ständigen Fortschreitung immer mehr Körperenergie für sich beansprucht. Praktisch seinen eigenen Gastgeber so nach und nach total bis zum Kollaps vereinnahmt.

Diese Vermehrung und Zusammenballung konnte und kann dann im laufe der Zeit zu einer gigantischen Masse anwachsen, was eben auch in der weltlichen Materie vielleicht denkbar ist.

Die dann irgendwann wegen der Überlastung der umgebenden Außenhülle nicht immer mit dem besagten riesigen Knall platzt, sich aber dann in viele kleinere dann selbstständige Objekte zerteilt.

Die, ob nun mit einem hörbaren Knall, einer Schockwelle oder auch ohne alledem dann allerdings aber den wuchernden Wachstumsdrang nicht ablegen, sondern mit der Zeit aufs Neue Selbstständig wuchern und sich unkontrolliert vermehren.

Dieser damals fast schon utopische Gedanke wäre aber auch möglich gewesen, denn das Gegenteil wurde auch noch nicht bewiesen.

Es ist eben auch zu beobachten, dass sich um uns herum praktisch fast alles unbegrenzt vermehrt, man könte auch behaupten bei der Vermehrung der Materien gibt es anscheinend wohl keine Begrenzung.

Es ist auch nach neuesten Erkenntnissen fast schon erwiesen, dass auch die Sterne an unserem Himmel sich praktisch ständig vermehren und nach und nach auch sichtbar werden.

Das aber liegt nicht nur daran, dass die technische Optik heutzutage um ein Vielfaches besser und genauer ist als noch vor einigen Jahren.

Die bis Dato nicht so stark beachtete Vermehrung am Himmel setzt sich im Umkehrschluss doch auch bei uns auf der Erde rasant fort, denn die Bevölkerung wächst ja auch beängstigend schnell.

Nur bei unseren Natur Ressourcen scheint dieses auf Dauer nicht ganz zu funktionieren, anscheinend verbrauchen wir ohne groß darüber nach zu denken mehr als die Natur an Nachschub schaffen kann und auf Dauer hergibt.

Vor rund Tausend Jahren gab es geschätzt auf der Welt noch nicht mal nur knapp um die Hälfte unserer heutigen Bevölkerungszahl.

Droht der guten alten Erde irgendwann tatsächlich absehbar eine Überbevölkerung, was passiert aber dann, wird sie dann wieder aus allen Nähten platzen und wie könnte dann überhaupt denkbar, noch eine ausreichende Ernährung möglich sein.

Würde die natürliche gewohnte Ernährung sich gänzlich auf künstlich erstellte Artikel der Nahrung einstellen müssen, weil natürliche Ressourcen eben nicht mehr ausreichen, aber was wäre denn dann der Grundstoff gebende Faktor und wie lange würde dieser dann reichen.

Denn auch die bisherigen natürlichen Grundsubstanzen können auch einmal enden, aber aus einem Nichts kann man ja auch nur ein Nichts herstellen, denn selbst für etwas Künstliches braucht man ja auch bestimmte Grundsubstanzen.

Wenn es irgendwann einmal auf unserer Erde wirklich zu eng wird, würde bis dahin dann vielleicht auch ein Leben auf einem anderen Planeten möglich sein.

Eine ganz wichtige Frage lässt sich zurzeit anscheinend auch noch nicht beantworten, wieso ist unser überhandnehmender Kunststoffmüll nicht verrottbar wie organischer Müll, oder sogar essbar.

Liegt das nur an einem fast krankhaften Profit denken, oder hat man wirklich sich darüber noch keine ernsthaften Gedanken gemacht, was man wirklich nicht zu hoffen wagt.

Das würde aber zugleich auch bedeuten, dass dann die allgemeine Beschaffungskriminalität sich um ein Mehrfaches steigern würde und der Welthandel für solche Grundstoffe auf normalem Wege wohl kaum noch möglich macht.

Im Allgemeinen ist es ja eine Tatsache, dass sich fast alles mit der Zeit verändert, stimmen also die Erkenntnisse aus der Vergangenheit noch oder vielleicht doch nicht mehr.

Denn wenn man der Geschichte unserer Erde und der Menschheit glauben möchte, dann kann man eigentlich nur feststellen, dass sich anscheinend alles wiederholen wird, was unsere Urvorfahren schon durchmachen mussten.

Ist diese eventuelle Unwissenheit nur eine Geheimhaltung aus welchem Grunde dann auch immer, oder wirklich doch noch eine sehr wichtige offene Frage.

Diese Frage kann unter Umständen viel schneller als man denkt und einem lieb sein kann, zu einem riesigen Problem werden, was heute fataler Weise anscheinend noch kein dringliches Thema zu sein scheint.

Denn wenn man die letzten Einhundertundsechzig Jahre, den technischen Fortschritt seit der technischen Revolution betrachtet und den damit verbundenen Raubbau der Erdgüter sieht, kann einem für wahr eine sich zuspitzende Problematik nicht verborgen bleiben.

Hier stellt sich auch wieder eine gar nicht abwegige Frage wie lange kann der allerorts feststellbare Raubbau noch betrieben werden, kann die Erde auf lange Sicht noch den Völkerzuwachs noch ernähren und ertragen.

Mal ehrlich.

Wieso und Warum, eigentlich sind es die wohl beliebtesten Worte eines Kindes über die man sich eigentlich erfreuen sollte, bedeuten sie doch auch dass da eine große Menge Wissbegierde vorliegt, doch so manchem Erwachsenen sind sie einfach nur lästig und werden dann unwirsch ignoriert, sodass die als zu beantwortende Fragen immer wieder erneut gestellt werden müssen, im Alter aber gelten diese Worte Wieso und Warum dann eher als ein Zeichen von Unkenntnis und Dummheit.

Sollte man eigentlich im Alter denn keine Fragen mehr haben, weil angeblich ja schon alles beantwortet wurde, oder?

Will man besonders in der Öffentlichkeit ein Thema vielleicht gar nicht erst anschneiden, weil dann eventuell doch noch unbekannte Komplikationen und vielleicht dann auch noch unnötige Kosten entstehen könnten.

Zudem sind in der Vergangenheit, ja und auch heute noch im laufe der Zeit schon einige Aussagen offensichtlich wiederholt, widerlegt oder berichtigt worden, oder es haben sich mittlerweile die bisherigen bestehenden Antworten gänzlich oder zum Teil doch stark verändert.

Doch kann man sich heute wirklich auf die alten Schulweisheiten und das allgemeine vermittelte Wissen verlassen, wenn einem mittlerweile so manches dann doch etwas unlogisch oder fragwürdig erscheint.

Obwohl in der Naturkunde nicht ganz unbedarft, fehlen dem Autor auf viele Fragen neben den Argumenten dann doch auch schlüssige Antworten, denn es scheint, die Fragen kommen schneller auf, als die wirklichen und wahren Antworten.

Da hat es aber trotzdem doch noch so unendlich viele Fragen, wie, wann und wo beginnt und endet zum Beispiel eigentlich Ost und West, und wo ist denn da Oben oder Unten im All und auch auf der Welt?

Denn ein rundes Teil, einem Ball gleich, hat doch eigentlich keine Begrenzung außer der Außenhaut, aber einen wirklichen Anfang wird man da bei einer Kugel eben vergeblich suchen, oder vielleicht doch nicht?

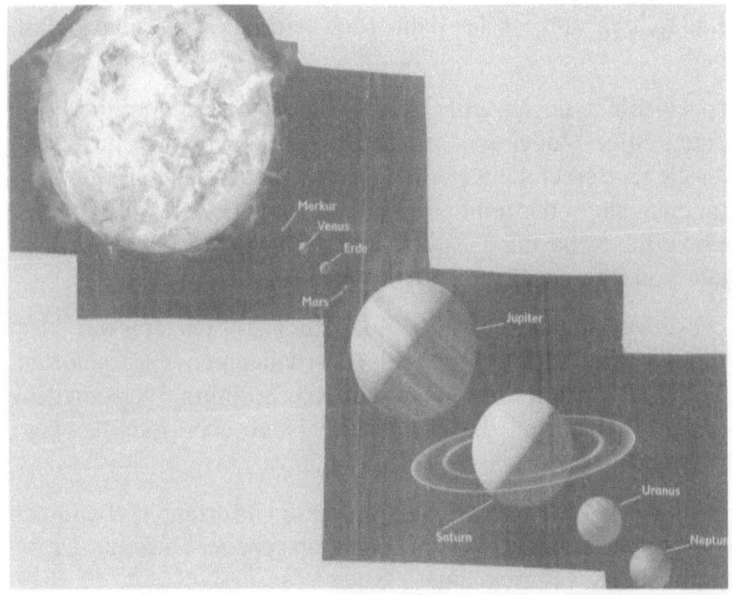

H.H.

Schemen-Bild der benachbarten bekannten Planeten

An Hand einer solchen Aufzeichnung kann man zwar die Größenunterschiede der Planeten in Etwa sehen und erkennen, doch über die jeweiligen Entfernungen gibt es damit keine schlüssigen Antworten.

Besonders bei der Frage nach der Ewigkeit ist eine schlüssige Antwort wohl kaum zu erwarten es scheint so als ob nicht nur die Zeit auch heute noch Fragen aufwirft, sondern auch noch andere Maßangaben mit einem großen Fragezeichen versehen werden können, wie eben auch bei Entfernungen und Gewichtungen.

Meter und Kilometer sind eigentlich ja mittlerweile auch feste Begriffe, aber bei Entfernungen in Lichtjahren bleiben im Grunde doch noch wie schon erwähnt viele Fragen offen, wie viele Kilometer hat denn so ein Lichtjahr, wie rechnet man mit Lichtjahren und ist das dann auch wirklich beleg und belastbar?

Ist ein Lichtjahr nur eine akademische Angabe und überhaupt eine gültige Maßeinheit, oder nur eine Angabe ohne feste verlässliche Berechnungspunkte und wird damit nur eine Zeitraumangabe oder eine Entfernung angegeben, weil andere Bewertungsmaßstäbe zurzeit noch fehlen, oder ist ein Lichtjahr von irgendwelchen galaktischen Einflüssen abhängig.

Diese Maßangaben beruhen doch zum größten Teil auf Messungen mit Radiowellen und dem bekannten Farbspektrum, weil zum Beispiel die blaue und rote Strahlung verschiedene Längen haben und die Radiowellenlänge eben mit Resonanz arbeitet.

Doch diese Erkenntnisse hatten unsere Urvorfahren eben noch nicht, aber trotzdem schon ziemlich genaue Entfernungsvorstellungen am Firmament.

Was geschieht aber wenn kein richtiger Resonanz gebender Faktor sprich Gegenstand vorhanden ist, obwohl man ihn doch mit einem starken Leistungsteleskop praktisch sehen kann, denn Luft und Gase ohne nötige Dichtheit geben kaum eine richtige verlässliche Resonanz, obwohl optisch sichtbar.

Außerdem wie stellt man eigentlich ein Gewicht fest, wenn die Schwerkraft fehlt, könnte man dann ein Tonnen schweres Teil mit nur einer Hand heben und bewegen.

Denn die uralte Definition eines Kilos wurde damals mit der Anzahl von Tausend Körnern verglichen, doch Getreide der gleichen Art kann auch unterschiedlich schwer sein, da der Trocknungsgrad dabei auch eine nicht unmaßgebliche Rolle spielte.

Unterliegen nun Antworten auf solche Fragen dann mehr einer Vermutung oder vielleicht auch stark den bis dato noch nicht ganz schlüssig bewiesenen Fakten.

Wer hat eigentlich noch nicht in seinem Leben in einer gewissen vermeintlichen Zwangslage den Himmel oder besser gesagt einen imaginären und somit unbekannten Punkt am Firmament um eine Hilfe indirekt angefleht.

Genau so, aber wohl schon seltener wird dem Himmel für eine indirekte Hilfe oder Wendung des drohenden Schicksals gedankt.

Haben sie sich auch schon einmal überlegt wieso viele Leute, vielleicht auch schon einmal sie selbst, einen Hilferuf oder einen Dank in die unendliche Weite des blauen Firmaments gesendet haben.

Ist das vielleicht noch ein Relikt aus uralter Zeit wo man noch viel stärker an gütige Geister und fremde Mächte ernsthaft geglaubt hatte, oder ist es vielleicht auch nur eine Abart von einem religiösen Urgedanke.

Wenn man Personen direkt danach befragt, kann so gut wie keiner eine begründete und genaue Antwort geben, warum man das denn macht. Einigen ist es auch schon fast peinlich und sie verdrängen diese Fragen, aber auch nur bis zum Nächsten Mal, wo der Himmel wieder für eine vermeintliche dringende Hilfe benötigt wird.

Insgeheim wird dabei aber doch ein allmächtiger Gott, egal wie er auch in der jeweiligen Landessprache dann genannt wird, manchmal auch recht Lautstark angerufen.

Da hat man doch egal welcher Nationalität oder Glaubensrichtung man angehört, irgendwie den gleichen gütigen und auch strengen Ratgeber und Tröster im Kopf.

Egal welcher Nationalität und Glauben man angehört, aber auch wenn man sich zu gar keiner festgelegten Glaubensrichtung bekennt, in gewissen kritischen Situationen wird auch von diesen Menschen ein inbrünstiges Stoßgebet gen Himmel geschickt. Selbst auch ein bekennender Atheist kann sich nicht ganz davon freisprechen diese vermeintliche Hilfe aus dem Himmel schon irgendwann vielleicht auch nur unbewusst bittend angerufen zu haben.

Ist es nicht doch verwunderlich das in der heutigen sogenannten aufgeklärten Gesellschaft, wo man für fast alles eine Begründung weiß, aber dieses dann doch sehr oft mit voller Inbrunst geschieht.

Denn die Ausrufe und wirklich ernst gemeinten Begriffe wie:

„Oh Himmel hilf, oder dem Himmel oder Gott sei Dank„

man kann diese Hilfe suchenden und dankenden Worte sinngemäß fast in allen Winkeln und Spracharten der ganzen Welt hören.

Bei sehr vielen Personen ist das überwiegend im Religiösen der verschiedensten Glaubensbekenntnisse wohl auch begründet, da mit dem flehendlichem Hilferuf indirekt der jeweils allmächtige Gott angerufen wird, obwohl allgemein dabei vielleicht gar keine offenkundige Glaubensangabe vorliegt.

Oder man benutzt diese Begriffe auch gedankenlos, weil man es doch von Klein auf so übermittelt bekommen hat, was dann eben nur aus reiner Gewohnheit geschieht.

Oder man hat es als Kind von der Mutter schon deutlich gesagt oder besungen bekommen, mit Kinderliedern wie Guter Mond, du stehst so stille, Weißt du wie viel Sterne stehen und so weiter, die meisten Lieder sind dabei vollkommen frei von Religion.

Trotzdem festigt sich damit doch auch ein gewisser Glaube an eine höhere Macht, die aber wiederum keiner direkt und genau bezeichnen kann.

Die allgemeine Volksmeinung, durch normales Schulwissen und Weißheiten gelehrt besagt aber auch heute noch, dass der Glaube Berge versetzen kann, damit ist ja wohl nicht unbedingt nur der religiöse Glauben gemeint, aber welcher Glauben, an wen und was soll es denn dann sein.

Der Volksmund besagt es aber auch das Glauben zugleich nicht Wissen bedeutet.

Glaubt man als moderner Mensch vielleicht auch heute noch tatsächlich oder auch insgeheim an wohl gesonnene Geister, wie unsere Vorfahren vor Hunderten von Jahren in dem man sie heute nur anders betitelt, dieses wird heute aber von niemanden auch nur annähernd in Erwägung gezogen.

Oder sieht man diese imaginäre Macht in irgendwelchen nicht definierten festgelegten Dingen, doch genau genommen würde man dann ja fast einen alten Götzenglauben wiederaufleben lassen.

Insgeheim wird aber auch nichts ausgeschlossen, man würde vielleicht ja gerne eine Position beziehen, aber ein gewisses Quäntchen unerklärlicher Unsicherheit lässt dann ja wohl auch die Aussage zu, na ja man weiß ja nie! Denn ein mehr oder weniger Erklärliches geschieht doch täglich.

Selbst bei recht streng Gläubigen kann man sehr oft Amulette und andere Maskottchen sehen, die auch hin und wieder auch als Fürsprecher genutzt und geküsst werden, sind diese Leute sich ihres Glaubens vielleicht doch nicht so ganz sicher.

Seit unendlichen Zeiten geben schon Astronomen und Sterndeuter wankelmütigen Personen Ratschläge wann der richtige Moment für eine Unternehmung sein würde, natürlich sollte dieses Unterfangen für den Fragenden ja immer positiv ausgehen.

Selbst gestandene Kriegsherren haben sich früher dieser Schicksalsdeutung bedient, doch diese Fragen wurden aber auch von der gegnerischen Seite zur gleichen Zeit gestellt, doch es kann eben nur einer gewinnen, also müssten die Sterne dann nur einem hold sein.

Bei einer solchen Betrachtung fällt einem gleich auf, dass hier nur die jeweilige Unsicherheit eines ansonsten doch herrschsüchtigen und bestimmenden Menschen beruhigt werden sollte.

Doch nicht nur in der früheren Zeit wurde sehr oft der Rat von angeblich Wahrsagenden Menschen gesucht, selbst in der heutigen modernen Zeit stehen gewisse Aussagen und ein Ratschlag von einem Horoskop hoch im Kurs.

Ja es soll tatsächlich noch Leute geben die fast keinen Schritt, keine Entscheidungen mehr machen ohne vorher das Horoskop befragt zuhaben, steht denn unser Schicksal wirklich in den Sternen, ja aber welcher von den über vielen Milliarden Sternen ist denn dann zuständig für einen.

Daher rührt ja wohl auch die gängige Redensart, dass eine Unternehmung unter keinem besonders guten Stern gestanden hat, wenn etwas gründlich daneben ging, aber wieso sollen denn die Sterne an dem etwaigen Unvermögen eines Menschen schuldig sein.

Das aus dem Weltall viel Energie auf uns und auf die Erde transferiert wird ist ja mittlerweile unbestritten aber das ganz subtile Belange im Einzelnen von dort für uns bereinigt und für uns erledigt werden, möchte man dann doch mehr in den Bereich des Aberglaubens und einer Fabel einordnen.

In vielen Jahren sind mir wiederum aber auch Menschen begegnet, die Felsenfest also unerschütterlich an ihrem festgelegten Aber oder Irrglauben trotzdem festgehalten haben.

Obwohl sie doch genau genommen als Gläubige einer der verschiedenen Weltreligionen und Glaubensrichtungen sich ausgegeben haben und auch nicht gerade als ungebildet ausgewiesen werden konnten.

Dieser Widerspruch ist doch irgendwie recht verblüffend, das will dann am Ende dann doch auch keiner so richtig wahrhaben, so als ob man sagen möchte sicher ist sicher, wer weiß vielleicht hilft es doch, genau genommen kann man da dann doch eine gewaltige Menge an Unsicherheit ausmachen und erkennen.

Selbst Leute die felsenfest behaupten, dass sie Aberglaubenfrei sind, sie leben aber trotzdem stets mit einer gewissen ständigen Wankelmütigkeit und Unruhe, sie agieren dann meist doch mit der Unterbetonung, man weiß ja nie.

In meiner unbewussten Himmelsbetrachtung fällt mir auch eine kleine leichte Wolke wie eine Feder am Himmel auf die gemächlich ihre Bahn zieht, oder steht sie nur am Himmel und die Erde dreht sich unter ihr durch.

Genauso fraglich stellt sich eben doch auch die Schulweißheit heraus das Kälte und Wärme, wenn sie aufeinander treffen Dunstschwaden und Wolken ergeben, die wiederum dann eine Menge an Wasser mit sich führen können. Aber auch nur wenn auch Luft dabei im Spiele ist. Genau so soll es sich da vereinfacht gesagt ja bei der Wolkenbildung auch verhalten, wie man ja auch an einem Kochvorgang sehen kann, so weit so gut.

Aber wieso steigen Wolken und Dunst wie Kochschwaden am Himmel auf, haben sie vielleicht noch nicht das Gewicht oder die Dichtheit um von der Schwerkraft wie ein Nebel am Boden gehalten zu werden.

Doch am Gewicht kann es eigentlich wohl auch kaum liegen, wenn man bei dem Dunst auch an das spezifische Gewicht vom Wasser denkt.

Genau an dieser Stelle bleibt für mich eine unbeantwortete Frage, wer oder was hält denn den Niederschlag, den Dunst die unendlichen Tonnen Wasser oder auch den Schnee in den höheren Regionen.

Bevor sie durch eine Symbiose einem natürlichen Chemischen Vorgang, besser gesagt mit dem Staub in der Luft dann zur Erde streben.

Denn das spezifische Gewicht der Nässe, bekommt der Niederschlag ja doch nicht erst wenn er den näheren Bodenbereich erreicht, oder?

Doch wenn man dann bedenkt, dass fallendes Wasser doch auch eine ungeheure Kraft und Gewalt entwickeln und kräftige Winde entfachen kann, dann bekommt man ein Bild davon welche Urgewalten dann dabei eigentlich tätig sind.

Doch bei allem kreuz und quer denken bleibt es rätselhaft, dass in einer Wolke die wie eine Feder am Himmel dahin gleitet soviel Gewalt, Segen und zugleich Unheil sich verbergen können.

Es ist doch schon erstaunlich was einem für Gedanken kommen können, wenn man sich einmal die Muße gönnt und dabei etwas länger geruhsam am Ende eines Tages in den Himmel oder in der Nacht in das dunkle fast schwarze tiefe Firmament schaut.

Obwohl in der Nähe einer Ortschaft nur eine recht begrenzte deutliche Sicht in den Himmel gewährt wird, weil die störende Lichtstreuung einer Stadt auch den Himmel mit einem als sogenannten Schmutzlicht bezeichnet, anstrahlt und somit nur die ganz lichtstarken Objekte am Firmament zu sehen sind.

Ein ernsthafter Freund der Himmelskunde muss zu einer gründlichen Betrachtung dann schon eine beachtliche Anhöhe und auch stadtferne Position suchen um einen ungetrübten und unverfälschten Blick in den tiefen nächtlichen Himmel zu haben.

Für die absoluten Astronomen gibt es auf der ganzen Welt drei bekannte und begehrte Aussichtpositionen, dafür muss man dann schon weit Reisen zum Beispiel nach Hawaii oder in die Anden zur Atacama Wüste in Chile, etwas näher ist da auch La Palma oder Teneriffa.

Diese Kanareninseln sind durch ihre Lage auch besonders geeignet für Europäische Hobbyastronomen. Da diese Orte und Länder alle an den Rändern von sehr großen Gewässern liegen und über die nötigen Höhen und auch über die großen unbesiedelten Flächen ohne Schmutzlicht verfügen.

Bei einem meiner Aufenthalte auf Teneriffa habe ich einmal rein zufällig das Gelände der dortigen Sternwarte gefunden und besuchen können.

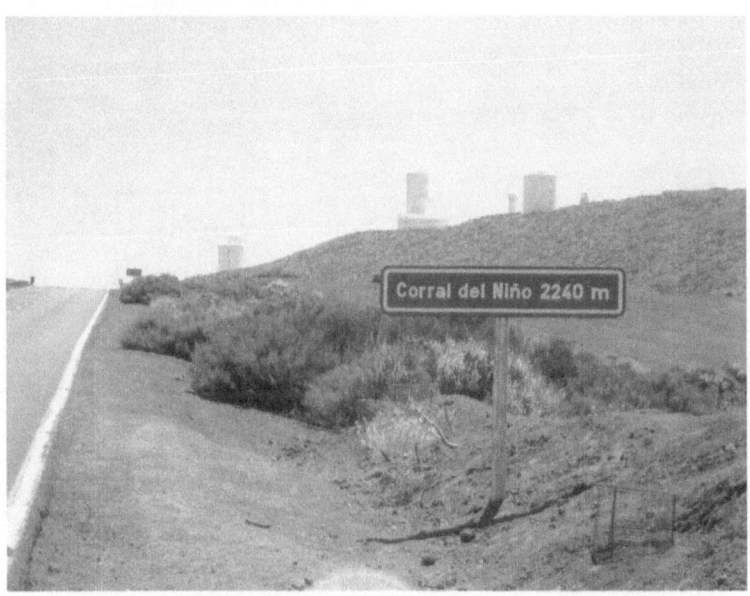

H.H.

Die Anfahrt zur Sternwarte

Leider habe ich niemanden Angetroffen der mir vielleicht mal einen Blick in den Himmel durch eines der Teleskope ermöglichen konnte.

Das weitläufige Gelände des Observatoriums auf Teneriffa liegt auch einiges über zweitausend Meter auf einer großen ausgedehnten Bergkuppe direkt über dem Meer. Ein idealer Ort, weil weit und breit keine störende Streulichtquellen vorhanden ist.

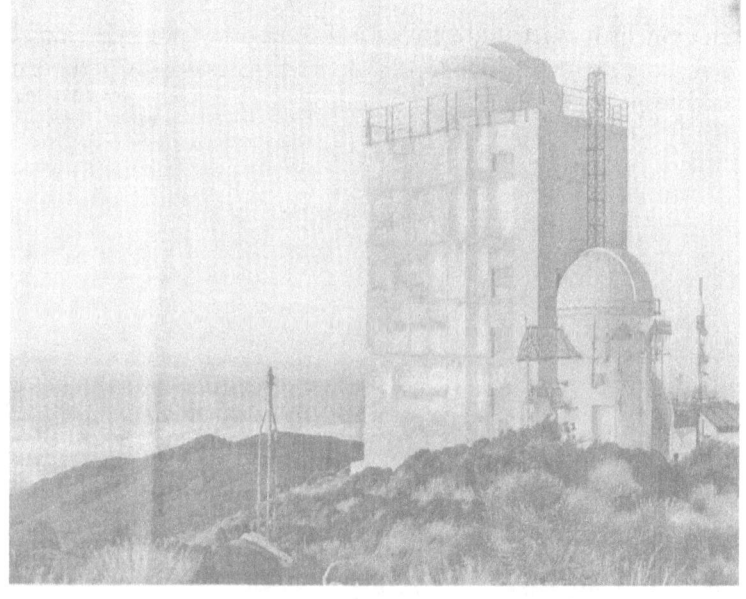

H.H.

Sternwarte Teneriffa im abendlichem Sonnenlicht

Doch fast an all diesen günstigen Orten muss man sich dann mühsam auf oder sogar über runde zwei Tausend Meter Höhe begeben.

Bei einer gepflegten Ausrüstung sind das immerhin einige Kilos die auf die unbesiedelten und meist schlecht zugänglichen Höhen erst einmal gebracht werden müssen.

Wobei man dann auch noch bedenken muss ein lauer Abend in der Talsohle ist in recht leichter Bekleidung noch zu genießen, doch über zweitausend Meter Höhe und mehr kann es dann schon recht ungemütlich kühl werden. Also, so mal eben mit einem Fernrohr oder einer Kamera auf eine Anhöhe steigen um das geheimnisvolle Firmament gründlich zu erleben ist und kann nicht so richtig von Erfolg gekrönt werden.

Denn für eine nächtliche Beobachtung der Sterne ist genau genommen eine Nacht auch viel zu wenig Zeit denn der Blick in das Firmament ist auch ein sehr tiefer Blick in die Vergangenheit der Zeit, der Welt und ihrer Umgebung.

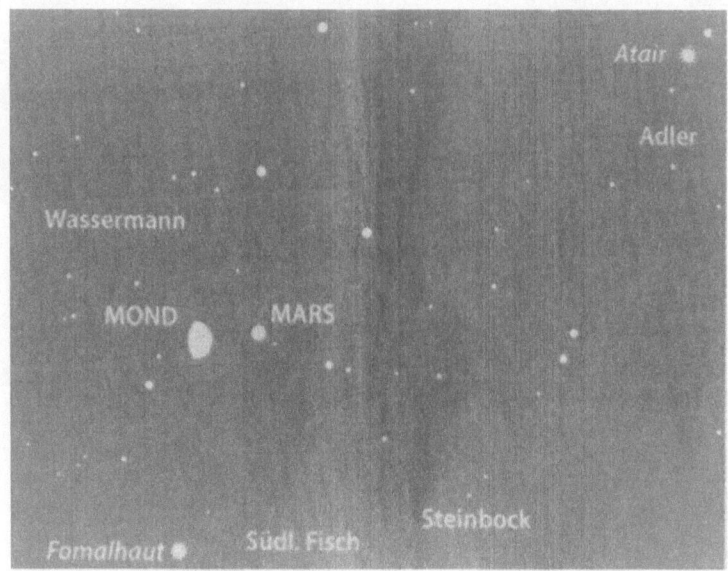

H.H.

Ein Sternenbild von Vielen, je nach Standort verschieden

Nur ein flüchtiger Gedanke?

Es begann eigentlich an einem gemütlichen Maiabend nach einem recht arbeitsreichen Tag bei einem Gläschen Rotwein und einer guten Zigarre, bei herrlicher Witterung alleine auf meiner gerade neu gestalteten Terrasse in meinem Lehnstuhl. Ich sah in den wunderschönen tiefblauen ja fast schon schwarzen Nachthimmel und dachte etwas wehmütig an meine nach fünfundzwanzig jähriger Ehe, vor ganz kurzer Zeit am Anfang dieses Jahres unerwartet und plötzlich verstorbene Frau.

Derartiger Musestunden an der frischen Abendluft war auch sie zu Lebzeiten sehr angetan, doch leider ist es im Trubel und der Hektik der zurück liegenden Zeit, der letzten zwei Jahre nur sehr selten dazu gekommen. Wenn man dann so fast gedankenverloren in die unendliche Weite des Nachthimmels schaut kommen einem zu Weilen schon mal Gedanken, zu denen man im Alttag auch keine Zeit zu haben scheint.

So dann auch, wie man gern im Volksmund sagt, Verstorbene schauen einem von oben vom Himmel herunter zu, es ist doch komisch man weiß ja genau das es nur eine Redensart ist, aber sie beruhigt unerklärlich doch irgendwie, besonders wenn man einen recht anstrengenden Tag damit abschließt.

Also ich sitze recht nachdenklich in meinem gemütlichen Lehnstuhl und resümiere über den vergangenen etwas stressigen Tag nach. Denn ich war zurzeit noch mitten in einer recht umfassenden Haussanierung, wo man unbedingt sehr viele Dinge stets erledigen und im Auge haben musste.

Ich war eigentlich mit meiner heutigen geleisteten Arbeit recht zufrieden und lehnte mich wohlig ins Polster zurück, dabei dachte ich etwas intensiver eben an jenen Spruch, dass ein geliebter Mensch von dort oben wohl zuschaut.

Ganz unwillkürlich und versonnen betrachtete ich also das blaue dunkle Firmament etwas genauer über mir und stellte mir viele fast unsinnige Fragen, wie würde meine Frau mit meiner heute geleisteten Arbeit zufrieden sein, oder hätte sie noch irgendwelche Einwände oder andere Vorschläge.

Ich kam mir schon ein wenig verrückt vor, weil ich mir dann auch gleich die Frage stellte, wo wäre sie denn dort oben, wenn sie mir wirklich zusehen würde. Ich suchte also insgeheim völlig unbewusst eine mir in diesem Moment genehme schöne Stelle am Himmel aus, um diese ihr nun quasi zu widmen.

Als plötzlich ein recht helles Gebilde wie ein Blitz, ein Meteor eben eine Sternschnuppe von links nach rechts gerade genau diese imaginäre Stelle am Himmel in schräger Bahn kreuzte.

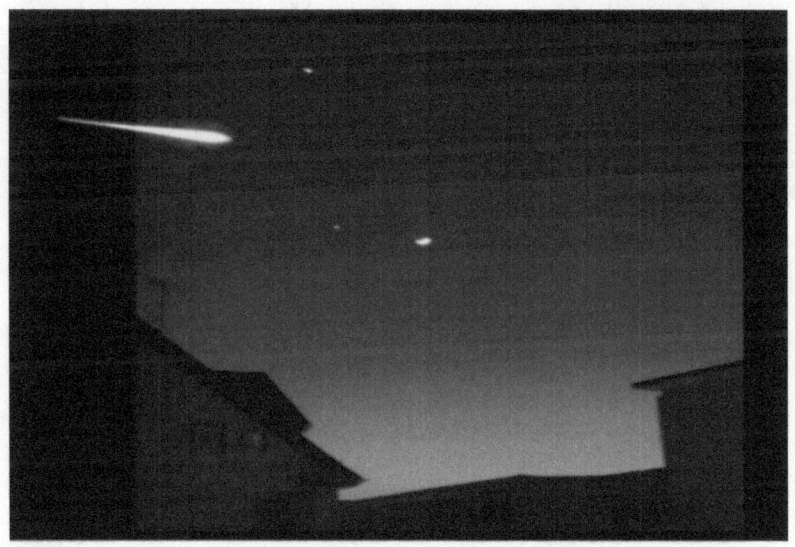

H:H:

Komet, ein Himmelsbote?

Ich bin wirklich und keineswegs abergläubig, aber dieser ganz kurze Moment hat mich aber doch etwas seltsam berührt und dann irgendwie völlig unerklärlich auch leicht nachdenklich und auch betroffen gemacht.

Man kann im Leben ein noch so klarer besonnener Realist sein aber solche kurzen fast unerklärlichen mystischen Momente haben ja doch eine unbeschreibliche recht magische Kraft und wirkt so unerklärlich dann doch auf das Gemüt ein.

Ich kam also nicht umhin ab dem Moment diese für mich in diesem Moment so markante Himmelstelle an diesem doch lauen Abend in der Mitte des Monats Mai recht intensiv im Auge zu behalten und in meinen Gedanken fortzufahren.

Natürlich stand zuvor auch automatisch die sachliche Frage wieweit war diese Sternschnuppe wohl entfernt und wo würde diese Sternschnuppe ihr Dasein wohl irgendwann aushauchen, oder war das gerade eben in diesem Moment erst geschehen.

Würden dann vielleicht kleine Restbestandteile doch noch einige Male ungesehen in weiter Entfernung in gewissen Zeitabständen an unserer Erde vorbei huschen, oder bleibt nichts außer Staub übrig und wohin würde es diesen Staub letztendlich wehen.

Waren diese doch wohl mehr sachlichen Gedanken im Grunde eigentlich richtig, denn wer oder was bewegt sich eigentlich denn in dem großen Weltraum auf einander zu oder auch aneinander vorbei.

Ist der wohl bekannte Magnetismus der Gestirne vielleicht der alles bewegende Faktor an unserem Firmament, doch dann müsste ja fast alles auf Gegenpole dort oben reagieren und sich praktisch abstoßen sonst würden ja alle miteinander kollidieren. Oder bewegt sich schon seit Ewigkeiten alles in festgelegten Bahnen, man sagt ja das alles am großen Himmel seine natürliche Ordnung hat, aber woher kommt denn dann diese Ordnung.

Ist es vielleicht aber auch nur ein aus Gewohnheit entstandener Begriff. Bei diesen in die Tiefe gehenden Überlegungen kamen bei mir mehr Fragen als Antworten auf, denn im Menschenleben wird doch praktisch von seinem ersten Tag an auch alles reglementiert und in irgendwelche Normen gefasst.

Diese Normen auf der Erde werden und wurden ja zum größten Teil von Menschen erstellt, aber wer hat oder wie wurden denn die Normen, die Naturgesetze für den Himmel erstellt.

Sind diese Normen auch wieder nur von einem Menschen schon vor langer Zeit erstellt worden, oder woher kommen sie denn sonst.

Selbst ein sehr Christlich denkender Mensch kann nur letztendlich auf die Bibel oder anderes Glaubensbekenntnis verweisen, doch diese wurden ja auch von einem Menschen vor unendlichen Zeiten erfasst und geschrieben.

Man kann es drehen und wenden wie man will, diese grundsätzliche Frage wird wohl keiner jemals ergründen und beantworten können, denn die Natur hat ja auch ihre eigenen Regeln und Naturgesetze.

Denn Normen und Vorgaben sind doch Festlegungen die eigentlich von der Natur vorgegeben wurden und einmal von einem Menschen notiert und gemacht worden sind, die aber anscheinend in dem uns umgebenden Firmament eben doch nicht immer anwendbar sind, oder doch?

Naturgesetze?

Woher kommt denn eigentlich der Ausspruch das etwas oder vielleicht auch alles einem gewissen Maß aller Dinge unterliegt, eventuell doch dem Naturgesetz.

Wie soll man aber nun das Maß wissen, wenn alle Dinge als Vergleich herangezogen werden können, denn damit sind genau so kleine wie große Dinge mit unterschiedlicher Abmessung und Gewichtung doch wohl gemeint.

Genau genommen ist aber eigentlich gar kein Vergleich gemeint es ist genau genommen doch wieder nur eine Redensart ohne tieferen Sinn, oder? Ich merkte an diesem Abend würde ich wohl keine schlüssige Antwort finde doch die Denkmaschinerie ließ sich auch nicht so einfach auf Null stellen.

Irgendwie war ich in diesem Moment und auch besonders in der Stimmung wirklich versucht mit diesem weit entfernten imaginären Punkt am Firmament und dem Meteor und dem Wölkchen ein internes Gespräch zu führen.

Ich war in Gedanken gänzlich in die sehr entfernten Bereiche des abendlichen Firmaments entfleucht und stellte mir alles Mögliche und auch Unmögliche vor.

Denn in meiner Jugend hatte ich ja auch schon diverse Bücher über das erdachte und auch das wirkliche Geschehen an unserem Himmel und Firmament gelesen, somit war wohl genügend Material in meiner tiefen Erinnerung vorhanden.

Daher war es auch kein Wunder das auch gewisse Wunschbilder von früher wieder kurzfristig eine gewisse Renaissance erhielten, doch mit der Fortschreitung der persönlichen Alterung also mit der beträchtlichen Zulage an Jahresringen kam auch gleich eine Ernüchterung und natürlich wieder eine ganze Menge an für mich nicht ausreichend beantworteter Fragen auf.

Wo ist der Anfang und das Ende unserer Welt, ist es nur der Erdball oder gehört die Atmosphäre drum herum auch dazu, denn ohne sie könnten wir ja nicht existieren, wie tief müsste man in das Universum eintauchen um ein Ende der Atmosphäre zu finden, aber dass ist ja wohl mittlerweile geklärt oder.

Um dann vielleicht doch Schlussendlich am eigentlichen Ausgangspunkt wieder anzukommen, weil eben alles um uns herum anscheinend Rund ist und sich im Kreise dreht.

So ähnlich sieht es ja doch auch mit den vier bekannten Himmelsrichtungen aus, denn wenn man sich auf der Erde konsequent nur in eine Richtung bewegt kommt man anfänglich unmerklich dann aber direkt wieder auf den Ausgangspunkt zurück.

Ist daher eigentlich eine Richtungsangabe egal in welcher man da denkt, überhaupt begrenzbar oder im Grunde tatsächlich unendlich, aber die Logik sagt einem doch, dass alle Dinge einen Anfang und auch ein Ende haben müssen sonst wären sie ja nicht existent.

Es scheint so dass eine Richtungsangabe nur begrenzte Richtigkeit hat, denn die Lage einer Sache ändert sich doch nicht, wenn ich mich einmal um mich selbst drehe.

War etwas von meiner Sicht aus eben noch nach links gelegen, wäre es dann nach meiner halben Drehung aber rechts, also spielt hier die eigene Perspektive eine ganz gewichtige Rolle.

Wieso denkt man das Firmament betreffend von unserer Sicht aus meist im Kreis und dazu überwiegend links herum, wie ja auch die grundsätzliche Drehrichtung unsere Erde ist. Aber das wiederum anscheinend auch nur wenn sich mit dem Gesicht gen Himmel positioniert, wogegen wenn man ihm den Rücken zuwendet die Drehung der Erde sich nicht ändert aber die Richtungsangabe.

Liegt es daran das die Erde Rund ist und je nach Standort unterschiedlich, aber über Europa der Mond und die Sonne, wenn man sich ihnen zuwendet von links aufgehen.

Oder ist das auch schon wieder eine Sinnestäuschung, die Gestirne bleiben stehen und nur die Erde dreht sich an ihnen vorbei oder drehen sich vielleicht alle um Alle und Alles, oder Alle nur um die Sonne. Bekannterweise dreht sich ja die Erde um sich selbst, wie auch andere Planeten und Gestirne, also um die eigene Achse, aber auch und zusätzlich noch nur in eine Richtung durch das Weltall.

Man kann tatsächlich dieses Geschehen rund um unsere Erde mit einem großen Räderwerk einem Getriebe vergleichen, die zentrale Stelle und Energiequelle ist unsere Sonne und alle Gestirne sowie unsere Erde sind einzelne Rädchen im Getriebe wo aber der Eine auch den Anderen wieder benötigt um das Ganze dann als eine komplette Einheit am Laufen zu halten.

Doch dann stellt sich aber wieder die Frage was oder wer hält das ganze Geschehen auf gehörigen Abstand und doch auch auf nötige Nähe.

Bei solch einem Fragenkatalog kann man dann doch ganz schnell die Übersicht verlieren, wobei man auch gleich feststellen kann und muss, auf jede Antwort kommt zugleich mindestens eine neue Frage auf.

Diese und viele andere Fragen beschäftigten auch schon seit vielen Generationen die diversen Forscher und Gelehrten, viele von Ihnen wurden damals als Spinner und Fantasten abgetan, denn meist haben sich erste Erkenntnisse, Vermutungen und Aussagen auch erst viel später bestätigt.

Als man in alter Zeit die Erde als Scheibe noch wähnte wurde auch das Firmament ja auch schon als Scheibe angesehen, was sich aber geraume Zeit später als nicht richtig erwiesen hat. Dafür gibt es ja auch diverse entsprechende Funde aus dem Altertum als Bestätigung.

Spätestens als der erste Mensch vom Weltraum in Richtung Erde geschaut hat ist es unumstößlich bestätigt. Die Erde ist keine Scheibe, sondern eine bläulich schimmernde große Kugel. Wieso eigentlich blau, die Erde wird doch immer als grüner Planet bezeichnet, ist das auch wieder nur eine Frage des Standortes des Betrachters.

Oder ist es nur die Folge von Entfernung und die Wirkung des Farbprisma, oder sind die unermesslich große Wasserflächen der Erde die Farbgeber, genau genommen weder, noch.

Apropos Wasser, wieso gibt es in den großen Weltmeeren unterschiedlich ausgeprägte Ebbe und Flut Zeiten der Atlantik zeigt da schon wesentlich deutlichere wechselnde Wasserstände als der Pazifik.

Das hier der Mond der ausschlaggebende Faktor ist, ist ja schon seit langer Zeit bewiesen, doch wo bleibt denn eigentlich die ungeheure Menge von Wasser die zum Beispiel an der Nordsee von mehreren Metern Höhe auf Null für rund sechs Stunden sich verringert.

Steigt im Gegenschluss dann das Wasser des Atlantiks in den südlichen Gefilden im Wechsel dann um diese ungeheure Masse an.

Warum aber kann man dieses ausgeprägte Phänomen nicht so deutlich beim Pazifik oder anderen Meeren feststellen, geben da die Pole vielleicht den Ausschlag, da die anderen angesprochenen großen Gewässer ja nicht direkt sich in dieser gleichen Achse befinden.

Was zwar schon vorher bekannt war, aber doch hin und wieder mit diversen Auslegungen in Frage gestellt worden ist. Die doch sehr alte Vermutung rührt ja von einem augenscheinlichen Beobachtungsergebnis her. Genau so ist, dass man bei einer Fernsicht auf einen hohen Berg ihn immer kleiner sieht als er in Wirklichkeit ist.

Optisch also praktisch im Boden versinkt und man dann irgendwann nur noch die Spitze erkennen kann, doch die Masse der Ausdehnung in der Breite nicht so deutlich hervortritt.

Dieser Effekt wird ja bekanntlich durch die Erdkrümmung hervorgerufen, irgendwann war also ein heller Kopf auch auf dieses optische Phänomen aufmerksam geworden.

Es dauerte aber noch recht viel Zeit bis diese uralte Erkenntnis sich dann bestätigen ließ. Bis dahin waren solche Berechnungen und Wahrnehmungen meist mit dem Prädikat alles nur Spinnerei abgetan, in sehr alten Zeiten wurden sogar Personen für solche Aussagen schon mal hingerichtet.

Weil sie über etwas sprachen und Behauptungen aufstellten wovon andere bis dato noch nie etwas gehört hatten, oder auch verehrten.

Ist an einer vagen Vermutung doch recht viel Wahrheit, dass der Nordpol magnetisch gesehen wohl der stärkere Pol ist und aus unserer Sicht eben darum für uns oben ist.

Hier könnte man schon leicht ketzerisch die Frage aufwerfen, ist oder war denn wirklich alles nur eine Einbildung.

Aber auch diese Frage widerlegt sich sofort, denn man existiert ja wirklich und ist nicht einer Fata Morgana gleich, dass man sich nicht alles eben nur einbildet, sondern auch eine reine Realität ist.

Nur die grundsätzlichen Fragen nach Anfang und Ende und auch nach der wirklichen Größe stehen konstant bei doch sehr vielen Dingen im Raum.

Denn wo man keinen direkten Anfang feststellen und festlegen kann, kann man eigentlich ja auch keine Größe angeben, das geht allemal nur bei der Kenntnis von Anfang und Ende einer Sache oder einem greifbaren Gegenstand, doch wie Groß bitte sehr ist die Größe des Weltalls denn.

Der mächtigste Berg von Spanien, wäre nur ein kleiner Hügel im Vergleich mit den Maßen des Weltalls.

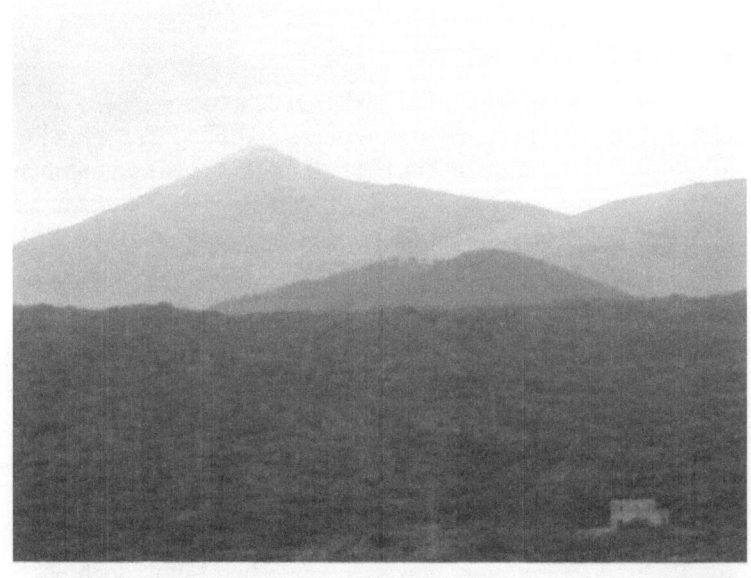

H.H.

Imposanter abendlicher Anblick des Pico del Teide

auf Teneriffa

Wer oder was beweist eigentlich, dass zu einer Messung ausgesandte Funksignale auch den gedachten Weg zum eigentlichen Zielpunkt durch das All einhalten und nicht von einem anderen Stern oder Planeten ab oder umgeleitet oder auch zurückgestrahlt wird. Denn das Funksignal erhält ja von keinem Adressat bei der Wiederkehr ein entsprechendes unverwechselbares Merkmal.

Obwohl aber vieles mit der heutigen Technik mittlerweile schon geklärt werden konnte, doch alle Fragen wohl immer noch nicht ganz erschöpfend und das Eine oder Andere zu ergründen auch schon fast unmöglich erscheinen mag.

Es wäre wohl interessant zu erfahren wann wirklich alle offenen Fragen oder unklaren Erklärungen einmal beantwortet sind, braucht man dazu nur noch ein paar Jahre oder vielleicht doch noch unendlich viele Jahre. Wobei man schon wieder feststellen muss, dass jede Antwort auch zugleich wieder neue Fragen aufwerfen können.

Oder wird man in wesentlich späteren Jahren sogar alles wieder in Frage stellen und der wissenschaftliche Fragekatalog erneut von der Urfrage, vom Urknall an in Angriff genommen werden müssen. War dieser Urknall damals vielleicht doch der Aufprall eines gewaltigen Meteoriten bei dem auch der Erdtrabant, der Mond entstanden sein soll.

Dieses ist zurzeit auch mehr eine Hypothese, die der endgültigen Bestätigung aber wohl noch bedarf. Auch über diese Frage gehen auch heute noch eben diverse Meinungen und Erklärungen von den maßgeblichen Personen immer noch weit auseinander.

Selbst wenn sich durch verblüffende Berechnungen solcher Mutmaßungen den Wahrheitsgehalt schon fast bestätigen, wird die Richtigkeit mit einer gewissen kritischen Logik doch noch in Frage gestellt.

Vielleicht auch nur weil man sich von fast schon lieb gewonnenen von Kindesbeinen an bekannten und überlieferten Ansichten und Auslegungen nicht so schnell lösen kann oder will.

Es scheint einfach so dass wir im Grunde mit einem großen Fragezeichen schon seit undenklicher Zeit über viele Generationen hinweg leben und diese gewohnten Dinge und Begriffe nicht so schnell aufzugeben bereit sind.

Die wohl interessanteste Frage im Moment erschien mir aber ein gern gemachter Ausspruch „das Maß aller Dinge„ ist das nun ein etwas Imaginäres oder doch auch konkretes Ding, soll es das Maß für alles sein.

Was ist denn das Maß aller Dinge?

Was für ein Maß ist denn da gemeint, Länge, Breite, Höhe oder auch Gewicht, nirgends findet man dafür eine genaue Angabe, oder gilt das vielleicht auch nur für etwas Imaginäres was man vielleicht noch nicht ganz beantworten konnte.

Obwohl nur ein Spruch, sind da zugleich zwei Fragen auf die eigentlich auch heute noch Keiner eine schlüssige Antwort geben kann, obwohl schon seit undenklichen Zeiten sich gelehrte Menschen sich mit Ihnen befasst und auch genutzt haben.

Wo und wann beginnt denn für den Menschen und das uns umgebende Universum die viel zitierte Ewigkeit und wann oder wo endet sie.

Zählt für den Menschen dann nur die langen Jahre die er lebt, wohl kaum, aber im Universum und dem All ist die Ewigkeit schon fast ein fester Begriff.

Aber wie groß oder lang ist denn die Ewigkeit, wann und wo begann sie und wann endet sie?

Kann man das vielleicht auch Heute noch nicht direkt in Zahlen fassen so stellt sich doch sofort die Frage ist ein Lebensalter nur eine sehr geringe Zeit davon, wird ein Mensch über Hundert Jahre alt, dann ist er wahrhaftig ein Methusalem oder ist die lange Zeit doch nur ein Staubkorn der Zeit und ein sehr geringer Teil der Ewigkeit?

Lässt sich alles in Maße und Größen und nur mit den bekannten Normen bezeichnen?

Kann man die uns bekannten Maße die von Menschen im Laufe der Zeit festgelegt wurden mit denen wir ja aufgewachsen sind denn überhaupt auch im Weltall verwenden, wohl kaum solange man keinen genauen Anfang hat und auch das Ende sich nicht definieren lässt.

Wo beginnt und wo endet eigentlich das Firmament ist unser Universum zugleich auch der Lebensraum anderer Lebewesen und Kreaturen, sehen diese dann auch das gleiche Gestirn wie wir Erdenbewohner.

Oder gibt es neben unserer Galaxie noch andere vielleicht geschlossene Lebensbereiche wo kann man das Ende der Unendlichkeit sehen, reicht dazu eigentlich unser selbst technisch verstärktes Sehvermögen und auch das Verständnis eines Menschen?

Wie kann man eigentlich Maße für Zeit und Raum in unserer Galaxie festlegen, außer dieser in mathematische Formeln zu kleiden und für einen normal gebildeten Menschen total unverständlich zu benennen.

Kann ein Astronom oder Raumfahrer auch mit der heutigen technischen Hilfe vom Mond oder später vom Mars aus dann immer noch kein Ende von unserem Firmament erahnen oder sogar sehen und festlegen.

Es scheint so als ob wir wirklich im endlosen Nirwana leben würden. Obwohl auch über diesem Begriff die Frage steht wie groß ist denn dieser Raum und wo ist denn da das Ende, mit dem Blick in das Firmament schaut man aber auch sehr tief in eine Vergangenheit.

Es ist schon verblüffend das selbst hochgelehrte Personen diese Fragen nicht komplett und konkret beantworten können, es stehen doch auch heute noch bei begründeten Fragen eben nur zum Teil belegte und begründete Antworten gegenüber.

Ein großer Sternenhaufen der aussieht wie ein Wollknäuel, Messier 13 ist ja eine Ansammlung von sehr vielen Sternen und unglaubliche fünfundzwanzig Tausend Lichtjahre von uns entfernt und nur durch ein sehr starkes Teleskop sichtbar, aber anscheinend doch noch nicht am Rande von unserem Universum.

Im Weltraum werden unglaubliche Entfernungen gemessen und angegeben, ein Stern S2 umrundet mit einer eiförmigen Laufbahn in der zentralen Milchstraße ein auf der Erde bei entsprechenden Wissenschafter wohl bekanntes schwarze Loch, das rund sechsundzwanzig Tausend Lichtjahre von uns entfernt sein soll.

Der Stern benötigt dazu für eine einzige Umrundung um die Fünfzehn Erdenjahre und nähert sich diesem Loch dabei bis auf rund vierzehn Milliarden Kilometer, und das wird dann als nah bezeichnet.

Wenn man aber bedenkt das dieser Stern eine unglaubliche Geschwindigkeit von bis zu fünfundzwanzig Millionen Kilometer in der Stunde entwickelt und das ist wiederum gerade mal so um ein drittel der Lichtgeschwindigkeit dann wird einem bewusst welche enormen Dimensionen über uns am Himmel gelten müssen.

Genau so verblüffend ist auch dass der Stern Uranus als kleiner heller Punkt am Nachthimmel viermal so groß und fünf zehnmal schwerer als die Erde sein soll, oder dass er fast fünfundachtzig Jahre benötigt um die Sonne einmal zu umrunden.

Für einen unbedarften Menschen sind solche Daten und Maßangaben schwindelerregend und auch unglaubwürdig, weil sie ja auch für unsere bekannten irdischen Begriffe einfach unvorstellbar sind.

Bekanntlich ist die Lichtgeschwindigkeit die schnellste errechnete und gemessene Geschwindigkeit nach Tag und Jahr und doch braucht das Licht des Uranus über zweieinhalb Stunden um die Erde zu erreichen.

Wenn man bedenkt, dass ein Lichtsignal Jahre brauchen kann um unsere Erde zu erreichen und das mit einer fast unvorstellbaren Geschwindigkeit, eben das vielfache von einer uns bekannten Raketenart, dann kann man nur erahnen wie weit der Lichtimpulsspender von uns entfernt sein muss.

Da kommen ganz locker Kilometer Angaben von mehreren Millionen ja sogar um viele Milliarden zusammen, selbst der Mars war ja immerhin nur noch runde achtzig Millionen Lichtjahre bei seiner neuesten Jahrhundert Nähe zur Erde im Jahre zweitausendachtzehn entfernt.

Wenn man sich mit einem Menschen der sich in dieser Materie auskennt unterhält bekommt man unglaubliche Daten wie Lichtjahre als Entfernungsangaben und der artiges in astronomischen Größenordnungen gesagt mit denen ein normal gebildeter Mensch wahrhaftig so gut wie gar nichts anfangen kann.

Bei der Nennung von solchen Entfernungen und Themen und deren Auslegungen wurde selbst einem Albert Einstein nicht so recht geglaubt, leider sind verschiedene Bestätigungen erst nach seinem Ableben viele Jahre später von anderen Wissenschaftlern bestätigt worden.

In Anbetracht dieser Entfernung und Zeitdimensionen die im Universum gelten ist ein für unsere Begriffe doch sehr langes Menschenalter doch eben nur ein flüchtiger Moment den man in seiner Dimension im Gegensatz zum All und der Erde wirklich vernachlässigen könnte.

Für uns erscheint je jünger der Mensch ist, ein Jahr ja schon als eine ungeheure Zeitspanne die je nach Erwartung an einen angestrebten Tag als unendlich erscheint und dann für einen gealterten Menschen doch nur der normale Ablauf der Zeit ist täglich Stunde für Stunde und Jahr für Jahr.

Ungeduld lässt uns zudem die Wartezeit viel länger erscheinen als sie in Wirklichkeit dann ist, diese Erkenntnis ist im kindlichen Alter viel schmerzlicher als in einem abgeklärten schon Jahre andauernden Leben.

Aber eine gewisse stetige Erwartung im und an das Leben macht eigentlich erst den Antrieb dem nächsten Tag näher zu kommen.

Denn Erwartung, Neugierde und der Wissensdurst geben erst dem Menschen täglich den Impuls das Leben zu gestalten und weiterzuleben.

Ohne diesen Hintergrund im jeweiligen Wollen ist das Leben für viele Menschen nicht mehr lebenswert und er altert somit wesentlich schneller als Einer der auch im hohen Alter noch Aufgaben sieht und deren nötige Erledigung anstrebt.

Ist das Maß aller Dinge nun doch nur eine Erfindung des Menschen nach Mathematischer Grundregel oder gibt das scheinbar unendliche Universum auch gewisse Grundvoraussetzungen dafür vor.

Denn ein Kalender und auch die Uhrzeiten wurden ja schon vor langen Jahren nach mathematischen Erkenntnissen durch den jeweiligen Jahresablauf, einer von der Natur vorgegebenen Gesetzmäßigkeit und Abfolge aber eben von einem Menschen erstellt.

Der ständig sich wiederholende Aspekt des Wechsels zwischen Tag und Nacht auch von Sommer und Winter lässt für einen Menschen den Trugschluss zu, dass es so schon seit Ewigkeiten war und auch noch sein wird.

Doch das ändert nichts an der grundlegenden Frage, wo ist die Begrenzung, wo beginnt eigentlich die Ewigkeit und wo wird sie einmal aufhören.

Oder existiert gar nichts von alle dem und ist nur eine vage Wunschvorstellung und endet schon mit dem Ableben eines Menschen.

Wenn man bildlich gesehen einmal den allumfassenden Magnetismus, Schwerkraft und die Rotation der Gestirne rausnehmen würde, immerhin bewegt sich die Erde in ihrer Rotation um sich selbst ja auch mit über einhundertzwanzig Stundenkilometer.

Also wenn man ganz still an einer Stelle verweilt bewegt man sich trotzdem mit dieser Geschwindigkeit total unbemerkt mit der Erdkugel im All in einer Kreisrunden Bahn.

Wohin würden denn dann die Gestirne und die Erde hinfliegen oder verschwinden, oder würden sie dann vielleicht doch träge an ihrer alten Stelle verharren.

Das die Sonne für uns Menschen für die Erdkugel und den anderen Gestirnen der eigentliche Motor ist und schon seit undenklichen Zeiten den allgemeinen Impuls für jede Art von Wachstum, Leben und Bewegung ist, dass haben ja im laufe von Jahrtausende nicht nur einige klugen Köpfe sondern auch viele große katastrophale Naturereignisse in der Vergangenheit bewiesen.

Zum Beispiel durch einen gigantischen Vulkanausbruch in verhältnismäßig neuerer Zeitrechnung unserer Weltkugel durch die über viele Jahre andauernder Sonnenverdunkelung wurde die gesamte Erdbeschaffung total verändert, man vermutet auch das die großen Wüsten dabei entstanden sind.

Die Schulweisheit sagt uns ja, dass unsere Sonne der alles bewegende Faktor an unserem Firmament ist, es sollen aber auch noch andere Sonnensysteme geben, haben diese überhaupt keinen Einfluss auf uns.

Nun stellt sich aber gleich wieder die Frage wie weit reicht denn eigentlich die bedeutende Wirksamkeit unserer Sonne und nicht nur in unsere Richtung, sondern genau genommen auch entgegengesetzt.

Denn die Ausstrahlung und Wirkung der Sonne, die unzählige Male größer als die Erde ist, geht ja doch wohl auch in diese entgegengesetzte von der Erde aus gesehen hinter der Sonne liegenden Bereichen, aber was ist dort und wie weit ist der Himmel hinter Ihr, ist das Weltall wirklich unendlich. Wäre es irgendwann einmal möglich das ganze Ausmaß von dem uns umgebenden Raum zu erfassen.

Was würde sich da vielleicht mit der gleichen Geschwindigkeit wie die Erde dort auch um die Sonne bewegen, gibt es da überhaupt einen Planeten oder Stern außer den uns schon bekannten.

Ist hier irgendwo vielleicht doch die Unendlichkeit des Alls zu finden, ist für uns die Unendlichkeit des Raumes auch zugleich die Ewigkeit?

Lässt sich die Tiefe des Alls überhaupt in irgendeinem uns bekannten Weitenbegriff fassen. Könnte ein Mensch wirklich einmal irgendwann die Sonne im weiten Bogen umrunden, würde dazu überhaupt ein einziges Menschenleben ausreichen.

Beleuchtet eventuell nur die eine, die unserige Sonne auf gehörige Entfernung gesehen die nächsten Galaxien und somit auch diese anderen Sonnensysteme.

Oder sagt schon das Wort Sonnensystem aus, dass dort ebenfalls eine separate von unserer Sonne unabhängige Kraftspendende Quelle zu finden ist.

Mit einem riesigen Radioteleskop in Südafrika das über vierundsechzig Parabolantennen verfügt, können Objekte in Tausenden Lichtjahren Entfernung sichtbar durch Messung der Radiowellen gemacht werden, wird vielleicht einmal eine irdische Sonde soweit in das weite Firmament überhaupt vordringen können.

Wie lange braucht denn ein ausgesendetes Radiologisches Signal um wieder auf der Erde gelesen werden zu können, lesen vielleicht erst unsere Enkel oder Urenkel die wiederkehrenden Signale von sehr fern liegenden Galaxien die etwas reflektiert haben.

Gehen diese Signale eventuell gar nicht im Kreis wie fast alles in unserem Universum, wo aber landen sie dann auch nur rein zufällig oder unreflektiert, wie oder wann kann man dann auf eine maßgebliche schlüssige Antwort, also Rückkehr des Signals erwarten.

Oder ist so eine Sonde für entfernte Galaxien schon von Anfang an auf Verlust geplant, wenn ihre eigene Energie einmal zu Ende ist und schwirrt dann irgendwo als Weltraumschrott bis zum eventuellen Verglühen im All umher.

Ein ausgesendetes Radiosignal ist ja wohl wesentlich schneller als eine Rakete mit einem künstlichen Satelliten für wissenschaftliche Arbeiten im All an Bord, die immerhin noch für rund nur dreiundzwanzig Tausend Kilometer Flug doch einiges zwischen viereinhalb und sechs Stunden benötigt um ihre vorgesehene Position, eine Raumstation zu erreichen, wofür ein Signal nur Minuten benötigt.

Aber wer oder was hält eigentlich die Raumstationen und die mittlerweile vielen technischen Satelliten auf ihrer festgelegten Position, so dass sie genau angepeilt und angesteuert werden können, verändern sich diese Positionen nicht.

Denn im Raum soll es ja auch Stürme geben, was bekanntlich ja auch einen Schub für freischwebendes und nicht fest fixierten Gegenständen bringt die eben nicht richtig befestigt wurden.

Aber wo und wie könnte man einen Trabant oder ein Gestirn denn fest machen, welche Kraft hält all diese Himmelsgestirne an ihren seit Ewigkeiten verlässlichen Stellen.

Oder liegt man mit dieser Annahme total falsch, denn auf dem Mond der weit über Tausende Kilometer von uns entfernt ist, soll es angeblich ja keinen Wind, also keine Luftbewegung geben. Doch das ist eigentlich unvorstellbar, da ja die gesamte Galaxie in einer Drehbewegung sich befindet, wo sich etwas bewegt gibt es auch eine Luftbewegung, schon alleine durch den entstandenen Sog.

Man erinnere sich an den heftigen wissenschaftlichen Streit nach der damaligen ersten Mondlandung dass sich zum Beispiel die aufgestellte Fahne von alleine bewegt hätte und nicht schlaff am Mast herunter hing, mit diesem Argument stellte man damals sogar die gesamte Mondlandung in Frage.

Mir stellt sich aber auch die ganz andere Frage, wieso hängt die Fahne an dem Mast nach unten, wenn es auf dem Mond keine entsprechende oder nur vermindert Schwerkraft gibt, wurde sie eventuell nur so drapiert.

Ja man behauptete sogar, dass es sich um eine gestellte Aufnahme auf einer Kanareninsel in einem unwirtlichen Lava Feld oder sogar einer Studioaufnahme gehandelt hätte da man keine Sterne im Hintergrund zu sehen bekam.

Nach Aussagen des Astronauten war aber nur totale Finsternis im Hintergrund.

Was ist aber auch bei einem Objekt im tiefen Raum, das vielleicht gar keine Radiowellen sendet oder reflektiert, hat man dieses Objekt dann noch gar nicht bemerkt, denn auch zu einer Reflektion bedarf es doch auch bestimmter nicht nur technischer Vorrausetzungen.

Wenn also keine Reflexion, wozu man ja eine bestimmte Dichte an Material benötigt, stattfindet, wie lange würde das Signal dann benötigen um auf der Erde wieder anzukommen und gelesen werden könnte, oder entschwindet dieses Signal für alle Zeiten im unendlichen Nirgendwo.

Doch wer sagt uns denn, dass überhaupt, so ein Signal unbedingt wieder zur Erde zurückkommen wird oder im Kreise läuft und so wieder zur Erde irgendwann kommen wird oder muss, denn dann müsste ja eigentlich alles im Weltraum in runder Struktur sein und auch im Kreise herum sich bewegen.

Oder ist etwa die Rotation eines alles bestimmenden Planeten, vielleicht nur unsere Sonne mit ihrer Schwerkraft dafür grundsätzlich bestimmend.

Oder ist im Grunde nur der unterschiedliche Magnetismus der verschiedenen Himmelskörper der ausschlagende Faktor, denn es ist ja bekannt das verschiedene Polung, kräftig anziehend oder auch abstoßend wirken können.

Man könnte aber auch zu dem Schluss kommen das nicht alle Planeten und Sterne konstant an ihrer momentanen Stelle verharren, doch auch das scheint vereinzelt vorkommen.

Wiederum bewegen sich aber auch Himmelsgebilde mit ungeahnter Geschwindigkeit durch den Raum, die Bezeichnung Raum ist in diesem Vergleich ja vielleicht auch nicht richtig. Denn der alttägliche Begriff Raum bezeichnet doch eigentlich einen begrenzten oder geschlossenen Bereich und kann eigentlich nicht als völlig unbegrenzt bezeichnet werden, was aber beim Weltraum mittlerweile sich als eine feste bestimmte Bezeichnung darstellt.

Dreht sich überhaupt alles im Universum und kommt daher zwangsläufig zum Ausgangspunkt zurück, so wie ein Bumerang es tut, wenn man ihn richtig abwirft.

Es zeigt sich hierbei doch auch dass Zeit und Entfernung in dem uns umgebenden Universum irgendwie etwas miteinander zutun haben können oder auch haben müssen, obwohl man ja schon immer angenommen hat, dass das Universum eigentlich Zeitlos sein würde. Lassen sich diese beiden für uns so wichtigen Begriffe eigentlich überhaupt miteinander verbinden oder kann man sie überhaupt voneinander trennen.

Denn ein mit vielen Lebensjahren versehener Mensch hat ja auch schon eine beachtliche Lebensstrecke zurückgelegt ohne dass man dieses in Kilometer oder Meilen benennen kann und will.

Es ist ja wohl unbestritten das man auf diesem Gebiet mit all seinen Querverbindungen noch sehr lange und viel nachforschen kann und auch muss um auch die letzten Geheimnisse zu entschlüsseln um manche auch mysteriös erscheinende Situation zu erklären.

Doch es steht wohl doch auch in den Sternen ob man irgendwann alle Geheimnisse und offene Fragen die unser Universum betrifft einmal lösen kann.

Würde man einen fernen Stern einmal anfliegen, was würde er für Antworten für uns haben und offenbaren. Wäre eventuell sogar das Leben darauf möglich, oder gibt es dort sogar schon ein Lebewesen.

Oder muss man sich mit den Erkenntnissen die man dann aus den vielleicht vorgefundenen Begebenheiten ziehen kann zufriedengeben müssen. In neuester Zeit wurde sogar ein Messgerät auf einem fernen Asteroid nach rund vier Jahren Flugzeit abgesetzt. Man verspricht sich auch aus dieser Aktion nähere Erkenntnisse über die immer noch nicht ganz geklärte Entstehungsgeschichte der Erde und dem Mond.

Der Transporter soll letztendlich auch noch Bodenmaterial von dem Asteroid vor seinem Rückflug schürfen, mit diesem gesammelten Material sollen Aufschlüsse über die Erdentstehung gegeben werden können, wenn der Transporter in einigen Jahren wieder zur Erde zurückgekehrt ist.

Denn über die Entstehung unserer Erde gibt es noch eine beachtliche Uneinigkeit in den entsprechenden wissenschaftlichen Kreisen. Da wird wohl noch so mancher Wissenschaftler bis in sein hohes Alter sich Gedanken darüber machen müssen bis auch diese Frage und das Geheimnis endgültig und schlüssig beantwortet werden kann.

Ich denke mir aber, dass die heutigen Geheimnisse die uns das All beschert noch sehr lange auf eine fundierte Antwort warten müssen vielleicht so lange wie das Firmament groß ist.

Was ebenso nachdenklich macht, dass das Universum anscheinend Zeitlos und auch unendlich sein soll, aber trotzdem spricht man doch von Zeitbereichen und Entfernungen immer wieder in begrenzten Größenordnungen. Dieser spezielle Fragenkatalog wird wohl nicht auf absehbare Zeit geschlossen werden können.

Was ist eigentlich Zeit und Alter?

Ist es nur eine Bezeichnung für Zeiträume die vor oder hinter Einem liegen oder auch im gewissen Sinne eine Aussage über nicht näher bezeichnete Bereiche.

Zum Beispiel das Altertum bezeichnet ja auch nicht nur die Jahre von damals lebenden Personen, sondern von einem sehr lange zurück liegenden Zeitraum.

Gibt es in und für unser Universum im eigentlichen auch die doch eigentlich menschlichen Begriffe wie Zeit und Alter sowie Gewicht und Größe, haben diese Begriffe auch im weiten Raum ihre Gültigkeit.

Die Zeit und das Altersempfinden hängen aber doch auch sehr stark von der jeweiligen persönlichen Einstellung, den Erlebnissen und den erlebten Geschehnissen ab.

Ein umtriebiger und neugieriger Mensch, der aber auch gerne den ruhigen Moment bewusst zu genießen weiß, lebt viel gesünder und ausgeglichener als Einer der gerne den Anforderungen des Alltags ausweicht oder als ein wahrer Hektiker.

Besonders deutlich wird das auch in einem fortgeschrittenen Alter also schon im Ruhestand, man hat ja alles Erdenkliche schon erledigt und braucht nicht mehr dem täglichen Pensum hinterher hecheln.

Man überlässt dann gerne alles was noch eventuell zu erledigen wäre eben Anderen, weil man auch keine Lust mehr am weiteren Entdecken und Freude an erledigten Dingen mehr hat.

Doch diese Passivität ist nicht unbedingt zu empfehlen da dann praktisch das Leben fast ungesehen und kaum wahrgenommen an einem vorüber geht.

Denn das Leben bedeutet doch auch Bewegung, auch wenn es Einem durch irgendein Gebrechen körperlich schwer fällt sich zu bewegen und kleinere Aufgaben zu erfüllen, man sollte es trotzdem nie an der möglichen Bewegung mangeln lassen.

Man muss ja nicht eine Rekordverdächtige Aktion verrichten aber zumindest sollte man die geistige Verrichtung nicht auch noch anderen überlassen.

Wenn man es aber daran mangeln lässt ist es kein Wunder das man bald nicht mehr genau weiß, was um einen herum so alles vor sich geht. Es ist genau genommen sehr wichtig, dass man mehr tut als nur mit den Enkeln zu spielen.

Sondern sich auch mit den begleitenden Fragen und Neuerungen der Zeit die um einen herum geschehen und zum Teil auch das gewohnte Leben erschweren können befasst, die aber den noch kleinen und jungen Erdenbürger etwas später auch einmal unter Umständen ernsthaft und kräftig beschäftigen werden wird.

Somit erhält man ja doch auch viel mehr Einsicht in das junge neue Leben das sonst fast ungestreift an einem vorüber zieht, ohne es richtig wahrzunehmen, man muss einfach nur wissbegierig sein und bleiben.

Aber auch nur alte Weisheiten ständig von sich geben ist eben auch kein Ersatz für geistige Tätigkeit, denn eine solche ständige Wiederholung alter Redensarten und seien sie noch so Geistreich, bedeuten nicht unbedingt auch wirklich geistige Regsamkeit.

Denn neben körperlicher Bewegung und Ertüchtigung ist auch die rege geistige Bewegung ein wahrer Jungbrunnen und hält bis ins höhere Alter recht fit, auch wenn der Körper selbst schon deutliche und beachtliche Verschleißspuren und ihre gravierenden Markierungen aufweisen kann.

Es ist unbestritten manches mal schwer und fast stressig sich auch in neue Techniken und Abläufe des Alttags reinzufinden, aber es lohnt sich bestimmt mehr als nur noch auf den nächsten Tag zu warten.

Das regt ja auch den Geist an und hält einen alten betagten Menschen zumindest im Kopf beweglich und fit.

Die Bewegungen in den Gedanken, also im Gehirn sind fast schon lebenswichtig denn nur mit ständig geistiger Tätigkeit kann man auch den Denkapparatmuskel so lange wie möglich fit halten, denn eine Altersdemenz lässt sich kaum gänzlich verhindern, aber doch beachtlich hinauszögern.

Aber nur Gedanken Tätigkeit reicht zum Leben ja auch nicht alleine aus, auch körperliche ist eben auch unbedingt erforderlich um so lange wie möglich an dem allgemeinen Weltengeschehen teilnehmen zu können.

Ein langes Leben sollte man auch aktiv leben und um nicht nur am Rande dabei gewesen zu sein.

Die Menschheit hatte noch vor gar nicht so langer Zeit nur eine allgemeine Lebenserwartung von vielleicht gerade mal rund sechzig Jahren und sogar noch einige Jahre weniger gehabt.

Denn die stellenweise doch harten Lebensumstände damals, die unzureichende Ernährung und begrenzten medizinischen Möglichkeiten forderten oft frühzeitig ihren Tribut.

Die heutige Erwartungszeit liegt um einiges höher, aber eben auch gänzlich ohne Garantie, die heutigen technischen Errungenschaften werden als selbstverständlich angesehen und als gegeben hingenommen.

Irgendwie ist doch das menschliche Leben und Alter von dem Universum das uns umgibt tatsächlich abhängig man könnte fast dazu neigen zu sagen keiner kommt ohne den Anderen aus.

Doch das täuscht gewaltig denn eines ist gewiss ein Menschenleben ist nur wie ein Sandkorn im galaktischen zeitlichen Dasein und der Mensch braucht unbedingt die Sonne, aber die Sonne kann gänzlich ohne den Menschen auskommen.

Kaum Einem ist richtig bewusst, dass die heutigen modernen Errungenschaften im Grunde und Kern mühsam von unseren Vorfahren erworben worden sind und wird von manchen Erdenbürgern heute fast gedankenlos und leichtfertig aufs Spiel gesetzt.

Daher ist es auch wichtig, besser und mehr über den uns umgebenden Raum etwas erschöpfender zu wissen, als das eigentliche begrenzte Schulwissen, dass ja nun auch wirklich nötig aber in keiner Weise erschöpfend ist.

Der allgemeine Sprachgebrauch sagt ja schon seit sehr langer Zeit, dass der Mensch eigentlich nie auslernt, doch sehr viele stellen die intensiven Gedankenbewegungen mit dem Eintritt in den Ruhestand fast völlig ein oder begrenzen es dann, vor allem was die Neuerrungen anbetrifft, nur noch auf das allernötigste.

Obwohl die Umwelt täglich viele neue Begriffe und Anforderungen an uns Menschen stellen die bei geistiger Tätigkeit auch schon mal im Moment als unnütze oder überflüssige Bereiche gestreift werden, doch auch solches sollte hin und wieder mal durchdacht werden.

Doch der Mensch neigt in seinen späteren Jahren eben lieber dem gepflegten Müßiggang zu, weil er sich dieses nun mal in der unruhigen und stressigen Zeit wohl nichts inbrünstiger gewünscht hat.

In der lang ersehnten und angestrebten Arbeitsruhezeit sollte aber eigentlich die sogenannte Unruhezeit beginnen, auch wenn man dann die körperlichen Aktivitäten etwas verringert, benötigt unser Organismus ausreichend Bewegung.

Man sollte doch noch recht rege in seinem Alttag sein und das besonders in Geistiger Hinsicht, weil man früher dafür ja einfach nicht die Zeit dazu gefunden hatte.

Es ist doch bedenkenswert und medizinisch nachgewiesen, dass ein Mensch in seinem Leben noch nicht einmal einen Bruchteil seiner eigentlichen geistigen Möglichkeiten und Hirnmasse ausschöpft.

Eine sehr große Gefahr der Vernachlässigung entsteht heute auch durch die fast alles beantwortende sogenannte künstliche intelligente Technik, bei manchem Zeitgenossen hat man heute bisweilen das Gefühl, dass seine ganze Intelligenz nur einen Tastendruck entfernt in seiner Hand ist und keine Minute mehr ohne diese Technik verbracht wird.

Denn einen fraglichen Begriff sich schnell im Internet erklären lassen erbringt nicht unbedingt auch eine steigernde Intelligenz wie bei erarbeiteten Begriffen mit sich.

Man könnte der Meinung sein das in den heutigen sogenannten modernen Zeiten die täglichen Fragen abgenommen haben, aber in der Anzahl tatsächlich doch immer mehr geworden sind.

Obwohl doch so unendlich viele Fragen noch nicht gestellt wurden und auch noch nicht völlig durchdacht und beantwortet worden sind.

Doch das dürfte so wohl auch nicht ganz stimmen denn die Themen und Dringlichkeiten haben sich im laufe von vielen Jahren nur stark verändert und verlagert.

Stellen sie sich doch mal vor sie wären ein Raumfahrer und sie fliegen in ein paar Stunden die verhältnismäßig kleine Entfernung zur Raumkapsel, dann legen sie immerhin tausende Kilometer zurück. Und das ist dann noch nicht einmal ein Tausendstel der Strecke zum Mars, gerade mal ein ganz geringer Bruchteil der Entfernungen die im Weltall zu finden sind.

Wenn man einmal in der Zukunft vom Mond als Basis aus in rund vier Jahren Flugzeit zum Mars nach heutigem Stand fliegt dann hat man für Universum bedingte Entfernungen nur einen ganz kleinen kurzen Schritt getan.

In der vorab abgebildeten Zeichnung der Gestirne und Planeten ist grob zu ersehen welche Entfernungen sich da offenbaren, wenn man wie erwähnt bis zu rund vier Tage Flugzeit schon zu unserem näheren, am nächstliegenden Gestirn benötigt.

Wo würde das Raumfliegen denn Enden, oder hat es im Raum gar kein Ende, doch das ist für den normalen menschlichen Geist und Verstand zur jetzigen Zeit eine noch nicht begreifbare Dimension.

Wenn man die Abstände und Entfernungen einer Schemazeichnung ansieht, die vielleicht nicht in allen Punkten Maßstabgerecht angeordnet sind wird man trotzdem sich der enormen Ausmaße und der Entfernungen der Gestirne zueinander und des uns umgebenden Universum bewusst.

Dann bemerkt man doch Erstaunt das für ganz nah liegende Planeten und Trabanten schon für einen Menschen sehr viel Zeit bei solch einer Reise dorthin benötigt wird.

Weiter entfernte Planeten würden dann ja wohl mehr als eine normale Lebenszeit eines Menschen an Flugzeit mit der heutigen Technik bedeuten

Unvorstellbar und fast schon Utopisch wären daher die direkten Besuche bei Saturn, Uranus und Neptun und welcher Planet sich da vielleicht noch anschließen mag.

Eine unbemannte Kapsel bräuchte für diese Strecke zum Mars vielleicht um die vier Jahre, um diese weiten Reisestrecken zeitlich schneller zu überwinden, müsste dann wohl auch mal ein noch viel schnelleres und effektiveres Betriebssystem entwickelt werden.

In der Mitte im Jahre Zweitausendachtzehn war der Mars der Erde und dem Mond so nahe wie selten vorher, denn er war recht deutlich bei der totalen Mondfinsternis bei dem Jahrhundertereignis, auch als Blutmond bezeichnet in dessen und unserer Nähe recht klar zu sehen.

Aus diesem für mich einmaligen Ereignis an unserem Firmament hatte ich es mir auch in diesem Jahre wie ab und zu auch zuvor gemütlich in meinem Lehnstuhl gemacht.

Um dabei wieder mal wie schon so oft gemacht in aller Ruhe das abendliche Firmament anschauen zu können, jetzt aber mit dem besonderen Schauspiel die beiden Hauptdarsteller des Abends gaben schon eine tolle Schau ab. So etwas lässt sich wahrscheinlich erst in über Hundert Jahren wieder erleben.

Nur einige Tage später war dann richtig was los am Nachthimmel, denn der angesagte Sternschnuppenregen war schon bombastisch, dazu hatte ich wieder mal meinen Liegestuhl in Position gebracht.

Etwas mehr als zehn einzelne mal mehr mal weniger ausgeprägte Kometenschweife konnte ich dabei in meinem durch Nachbarhaus Dächer etwas begrenzten Sichtbereich innerhalb einer Stunde zählen, die alle von links nach rechts am Himmel ihre Bahn als lange leuchtende Streifen gezogen haben.

Dabei ist mir das Ereignis von vor vielen Jahren nach dem plötzlichen Tode meiner Frau von damals wieder urplötzlich in den Sinn gekommen, was dann logischerweise auch wieder etwas Melancholie bei mir aufkommen ließ.

Ich habe später dann mit großem Interesse die folgenden verschiedenen Mitteilungen verfolgt.

So war es auch kein Wunder das mir dabei eine Meldung besonders ins Auge stach, das fast zur gleichen Zeit eine Sonde mit einer Rakete ins All befördert worden ist.

Auf eine unbemannte sogenannte Sonnenexkursion zur Sonne, um diese in elliptischer Kreisbahn mehrfach in einer Entfernung von über rund sechs Millionen Kilometer mindest Nähe mit einer Geschwindigkeit von rund siebenhundert Tausend Stundenkilometer zu umkreisen.

Die für uns unvorstellbare Geschwindigkeit wird auch durch die Anziehungskraft der Sonne und mit der Wärme der sie umgebenden Korona mit ihrer immensen Lichtstärke erreicht.

Trotz der sehr hohen Geschwindigkeit braucht auch diese spezielle Sonde schon beachtlich viel Zeit um die Entfernung zur Sonne zu bewältigen.

Besser gesagt zu ihrer immerhin noch sehr fernen Umlaufbahn von immerhin rund einhundertfünfzig Millionen Kilometer zu schaffen.

Für uns Erdenmenschen sind solche Maßangaben fast schon Utopisch, doch es wäre wiederum interessant auch mal in Bildern zu erfahren was sich noch alles für uns bisher Unsichtbare oder Unbekanntes von uns Vis a Vis auf der Rückseite der Sonne und auch von den anderen Planeten zu finden und sehen ist.

Mit dieser technischen Voraussage des Sonnenfluges wird aber auch zugleich klar in welchen unwahrscheinlichen Dimensionen man im Weltall rechnen und Denken muss da kann man sich sehr schnell in Abstrakten Begriffen und Angaben verlieren.

Wenn man ein klein wenig über Größe und Entfernungen der Planeten zu einander erfahren möchte, kann man das auf einem Planetenwanderweg in der Nähe von Coburg recht Eindrucksvoll erlaufen.

Die dort im Maßstab dargestellten Planeten sind auch in der Entfernung zu einander entsprechend auf elf Kilometer länge angeordnet.

Diese bisherigen Größen und Weitenangaben beziehen sich aber auch wieder auf das mittlerweile bekannte Schulwissen, wo stets die Frage mitschwingt sind diese Angaben auch wirklich verlässlich.

Vor vielen Jahren hat man schon zweimal den langen Flug zur Sonne unternommen um mit den damals gewonnenen Erkenntnissen die jetzige Exkursion auszustatten.

Auch zum Ende des Jahres 2018 wurde eine andere Sonde in den Himmel geschickt um den Saturn in sieben Jahren nach sage und schreibe rund Einhundertfünfzig Millionen Kilometer zu erreichen.

Man kann nur gespannt sein wann welche neuen Erkenntnisse dann von diesen Unternehmungen bekannt gemacht werden können und ob die Wissenschaft dann auch für die Menschheit nützliches vermelden kann.

Wenn sie als imaginärer Gast von der Weltraumkapsel aus in Richtung Erde sehen, dann sehen sie nur eine verhältnismäßig größere blaue Kugel mit großen hellen Flecken doch vom wesentlich weiter entfernten Mond aus stellt sich dann die Erde als eine kleinere blaue Kugel dar.

Wenn sie dann zur Seite sehen, dann schauen sie auf die große heiße Kugel der Sonne, besser gesagt auf die Hülle eben ihrem großen und Superheißen Vorbereich in unendlich großer Entfernung.

Doch wenn sie sich dann mal umdrehen würden, der Erde praktisch den Rücken zuwenden was sieht man dann, nur unendlich viele ferne Sterne oder nur tief blaue Leere oder gar absolute schwarze Dunkelheit.

Es ist verblüffend das hierüber allgemein kaum irgendwelche konkreten Informationen vorliegen, oder sie stehen vielleicht auch nur den Fachleuten zur Verfügung.

Allgemein nimmt man doch an, dass überall unendlich viele Sterne und Planeten am großen Firmament verstreut sind, aber ist dem nun wirklich so, oder muss man sein Wissen über die Dinge und das Geschehen am Himmel irgendwann komplett und total korrigieren.

Denn über den Raum den man genau entgegen gesetzt von der Sonnen und Mondsicht von der Erde aus wahrnehmen würde ist für den normalen Bewohner der Erde praktisch doch ein Niemandsland oder besser gesagt Raum, den man aber nach den bisherigen Erkenntnissen nicht als einen total leeren Bereich bezeichnen kann.

Was wäre da zu sehen und zu erwarten, eigentlich kaum vorstellbar das dort nichts vorzufinden wäre, denn der Volksmund besagt doch, dass der Himmel über und über mit Sternen bestückt wäre, ist das Firmament nur eine Sinnestäuschung oder eventuell sogar auch nur ein Spiegelung, der wirkliche Beweis fehlt eben noch bis heute.

Was spielt sich eigentlich praktisch auch direkt hinter unserem Rücken ab, denn man schaut doch unwillkürlich aus lauter Gewöhnung immer in Richtung Mond und Sonne, weil diese Gestirne die markantesten Punkte an unserem Himmel sind.

Die sich nicht nur um die eigene Achse drehen, sondern um die sich praktisch alles uns Bekanntes wiederum in unterschiedlicher Geschwindigkeit und doch in fester Gleichmäßigkeit zu drehen scheint.

Doch dabei ist wiederum etwas Bemerkenswertes mittlerweile bekannt geworden, dass der Mond der Erde und anscheinend auch der Sonne stets nur eine uns wohl bekannte Seite zu wendet und die Rückseite also die uns ständig abgewandte Seite ein gänzlich anderes Aussehen hat

Dort scheint es nicht nur bedeutend kälter zu sein, sondern es finden sich dort anscheinend auch Krater in diesen wohl ewigen Sonnen abgewandten Seiten.

Es werden wohl bei einer nächsten Mondexkursion sich gewiss sehr interessante Erkenntnisse herausstellen und sich manches vielleicht auch bestätigen lassen.

Auch über den unendlichen Bereich hinter unserem Erdtrabanten und dem noch unbekannten, weil durch den Mond und Sonne verdeckten Teil vom Himmel.

Denn es gibt praktisch bisher noch keine Erkenntnisse über den genau entgegen gesetzten Raum, oder gibt es dort gar keinen Raum, das wiederum kann man sich auch nicht vorstellen denn dann wären wir ja praktisch am Rande von unserem Universum angesiedelt, aber darauf deutete eigentlich bisher auch noch nichts hin.

Es wäre zudem doch auch wirklich mal interessant zu erfahren was hinter dem Mond und der Sonne zusehen ist, gibt es eventuell ein Gestirn das ungefähr so weit vom Mond entfernt ist wie die Erde, wäre dieses Gestirn vielleicht vom Mond aus auch zu erreichen?

Wenn man mal annimmt das Gestirne hinter Sonne und Mond sich befinden und sich gleich wie die Erde bewegen würden, hätte kaum ein Erdenmensch die Chance diese je einmal zu Gesicht zu bekommen.

Man plant ja schon länger den recht weit entfernten Mars mal anzufliegen wozu die Astronauten bei dieser Exkursion dann mit der heutigen und bekannten Technik doch wohl einige Jahre benötigen würden.

Vielleicht müsste man für eine solch lange Strecke ein anderes Antriebsmodel erstellen, wo die Hauptkraft vielleicht durch eine sehr hohe Drehzahl erreicht wird, denn in der Natur und Physik ist ja bekannt das rotierende Gegenstände sich schneller bewegen können.

Ob die Erkenntnisse die bei einer solchen Unternehmung gewonnen werden uns dann mehr Wissen über das uns umgebende All erfahren lassen, können wir zurzeit einfach nicht beantworten und eben nur erhoffen.

Ebenso ist es auch noch nicht ganz geklärt wieso leuchten die Sterne und Planeten so hell, haben sie alle ein eigenes Feuer oder vielleicht leuchtende Gase.

Wenn aber diese Planeten nur durch das anstrahlen durch die Sonne so intensiv deutlich sichtbar strahlen wodurch wird diese Reflektion denn nun hervorgerufen. Der Boden sprich die Bestandsmasse der Objekte, der Sterne und Planeten wird es doch wahrscheinlich nicht sein, denn die Erde vom All aus gesehen strahlt ja auch nicht in dem Maße wie die Sterne.

Denn die Astronauten haben ja auch schon vom Weltall aus dieses Phänomen der unterschiedlichen Rückstrahlung gesehen und auch bestätigt, aber das warum wurde bisher noch nicht erschöpfend für jeden verständlich erklärt.

Somit dürfte es aber auch nicht die Masse sein die strahlt, sondern eine vielleicht noch unbekannte Gasschicht oder Ähnliches die die Sterne und Planeten umgeben und die Strahlen der Sonne wie ein Spiegel reflektieren.

Aber auch ein so genanntes schwarzes Loch das man durch ein Teleskop mal gesehen haben glaubt liegen die unterschiedlichsten Mutmaßungen vor, vom Fenster in die Unendlichkeit bis zum Höllenloch wird hier alles für das heute noch fast Unerklärliche angeführt.

Ist ein sogenanntes schwarzes Loch ob nun groß oder auch klein nun ganz einfach nur ein Loch ins Nichts oder auch nur eine nicht strahlende Ansammlung von Material, oder zu guter Letzt doch nur eine .erfundene und nicht zu bestätigende Vermutung und Geschichte. Heute weiß man das so ein Loch eine wesentlich stärkere Schwer und Anziehungskraft in seiner extrem starken Rotation besitzt.

Da gibt es die tollsten Erklärungsversuche was so ein schwarzes Loch darstellen soll oder auch an Unbill veranlassen kann, was wäre denn, wenn dieses Loch eine ganz simpel einfache Erklärung hätte.

Wenn es im Universum tatsächlich mehrere Galaxien und Sonnensysteme gibt, was ja mittlerweile schon als auch bestätigt angesehen wird, müssen diese ja auch zwangsläufig an ihren diversen Randgebieten und äußeren Bereichen ja auch Berührung und Reibungspunkte und Übergänge zu einander haben.

Denn es ist ja kaum vorstellbar, dass jede dieser Galaxien gänzlich für sich alleine im Raum schweben würde, so wie ein großes Fettauge auf einer Brühe. Der Vergleich mit einer Brühe ist eigentlich gar nicht so abwegig, denn die Fettaugen sind durch ihre Oberflächenspannung auch bis zu einem gewissen Grad eigenständig auf der Brühen Oberschicht.

Da wäre es wohl generell falsch anzunehmen jedes System mit unterschiedlichen Kräfteverhältnissen ist vollkommen hermetisch in sich abgeschlossen und mit größerem Abstand zueinander versehen. Ist so ein schwarzes Loch dann weiter von uns entfernt als unsere Sonne, oder bestrahlt unsere Sonne auch diese Galaxien, sind die vielleicht noch anderen Galaxien ebenfalls um die Sonne im weiten Bogen herum angeordnet.

Also müsste es ja an sogenannten Randbereichen bedingt auch irgendwelche indirekte Berührungspunkte der Galaxien geben. Wenn es eben keine jeweils komplette Eigenständigkeit am Gestirne Himmel gibt, wäre ein Berührungspunkt einer Galaxie mit einer anderen doch eine ganz logische Antwort und auch denkbare Erklärung.

Durch eine vielleicht unterschiedliche Beschaffenheit und Eigenheit einer jeweiligen Galaxie würde man ja bei Überschneidungen der Ränder ja auch entsprechend unterschiedliche Reaktionen haben.

Die sich dann vielleicht in einem Abstoßen oder aber auch durch ein Anziehen sich auswirken könnte. Es ist in jedem Falle denkbar, dass jedes System eine eigene Dynamik und vielleicht einen eigenen Magnetismus besitzt, daher dann auch vielleicht irgendeine Form von Vegetation oder anderen Lebensformen hat.

Wenn man diesen Gedanken weiter verfolgt ist der Verdacht gar nicht so absurd, dass die einzelnen Systeme sich auch an den Rändern treffen oder auch gelegentlich reiben.

Gesetzt den Fall, dass es so wäre, dann treffen wahrscheinlich auch zwei verschiedene Gravitationen oder auch Geschwindigkeiten auf einander.

Die stärkere der unterschiedlichen Schwerkraft und der Magnetismus würden dann auch erklären das frei sich bewegende Objekte von der stärkeren Seite angezogen wird, ob nun vom Magnetismus oder vom Sog einer hohen Drehung von Materie. Daher stellen sich letztendlich auch die Raumpflüge in einer indirekten Spiralförmigen Flugbahn dar.

Aber man muss und soll diese Dinge in jedem Fall nicht mit den weltlichen bekannten Erkenntnissen besehen, denn es ist nirgends belegt dass diese Erkenntnisse wie Weite oder Höhe und dergleichen unserer Begriffe auch im großen Universum ihre Gültigkeit hätten.

Die Rotation scheint im Weltall eine ganz besondere große Rolle zu spielen, dieses Phänomen ist auch eine anscheinend unerklärliche Macht. Denn die enormen Geschwindigkeiten im All scheinen fast immer in der Verbindung mit einer beachtlichen Rotation zu stehen.

Doch den wirklichen Ursprung der für uns Menschen unglaublichen Geschwindigkeiten im All ist und bleibt wohl noch lange ein Geheimnis, dies zu lüften wäre wohl ein großer Meilenstein in unserer Geschichte und vielleicht auch mal eine Antriebsmöglichkeit für irdische Gefährte.

Das würde vielleicht dann auch das verblüffende bisher unbekannte verschwinden von Himmelsobjekten in das so genannte schwarze Loch erklären.

Dass ja auch vor gar nicht langer Zeit sogar mal geschehen sein und angeblich auch beobachtet worden sein soll und mit einer bisher ungeahnten Geschwindigkeit dann von statten gegangen sein soll.

Die bisherige nicht bewiesene Vermutung das diese Löcher wirklich die Berührungspunkte verschiedener und unterschiedlicher Galaxien ist, würde in jedem Fall eine plausible Erklärung für ein solches noch unerklärliches himmlisches Phänomen sich ergeben.

Wenn man dabei bildlich an ein Zahnräderwerk denkt, erkennt man das ein Rad das sich links herum dreht das anliegende Rad dann aber in die Rechtsdrehung bringt erst das nächste Rad wieder in der Linksdrehung sich bewegen würde.

Ist nun dieses sogenannte Loch im Eigentlichen Bildhaft gesehen nur das etwas kleinere Rädchen das dann mit deutlich und wesentlich höherer Drehzahl zwischen den verschiedenen Galaxien als kleinerer Vermittler zwischen den zwei großen Galaxien die sich in gleicher Richtung drehen und diesen dort vermuteten Sog und Schwerkraft erstellt.

Mit diesen Gedanken kommt dann aber auch gleich die Frage auf gibt es nun doch auch noch anderes Leben auf irgendeinem Gestirn. Wahrscheinlich schon, wenn die wissenschaftlichen und natürlichen Bedingungen die nach unserem Verständnis dazu nötig dann auch vorhanden sind.

Denn ohne Wasser und Sonne ist eigentlich nach unserem heutigen Kenntnisstand und Verständnis keine Form von Leben irgendwo in irgendeiner vielleicht neuen Art möglich, denn auch ein Leben einer Mikrobe kommt ohne diese beiden Lebensspender eigentlich nicht ganz aus.

Doch wenn auch die Sonne bis in die tiefsten Gefilde einer Galaxie ihre Strahlen aussendet so ist die Frage nach Wasser ähnlicher Flüssigkeit noch lange nicht geklärt. Denn die Voraussetzung der Feuchtigkeit und Wasserbildung sind nicht überall zu finden. Wo im All findet man noch die Grundbedingungen der Wasserbildung in einer Atmosphäre die vielleicht der unsrigen ähnelt, oder würde eine nötige Nässe sich auch aus anderen vielleicht noch unbekannten Komponenten sich erstellen lassen.

In den uns bekannten All Bereichen herrschen unglaubliche tiefe Temperaturen, werden diese Minusgrade daher nicht von der Wärme der Sonne erreicht.

Denn Kälte und Wärme im Wechsel würde ja auch Feuchtigkeit ergeben, aber auch nur wenn dazu sich der Sauerstoff gesellt, gibt es vielleicht irgendwo im Weltall Bereiche wo diese drei wichtigen Komponenten oder eventuell auch ähnliche anzutreffen sind. Oder sind fast alle anderen Gebilde am Himmel mit einer giftigen lebensunfreundlichen Hülle umgeben.

Es ist im Allgemeinen wohl kaum mit einem Lebewesen zurechnen das auch nur annähernd in Gestalt und Form einem Menschen ähnelt, das halte ich doch mehr und eindeutig als eine erdachte Geschichte. Angeblich wahre und utopische Geschichten gibt es in recht großer Anzahl in der Literatur zu finden.

Doch mikroskopisch ist ein Leben in jeder Form auf anderen Gestirnen doch wohl schon denkbar, da wie gesagt Wasser oder eine ähnliche Flüssigkeit und ein Sonneneinfluss dieses möglich machen würde.

Das würde im Grunde eben auch ein pflanzliches oder mikroskopisches Leben möglich machen, vorausgesetzt, dass eben auch die dazu gehörigen Komponenten sich irgendwann zusammenfinden.

Ob aber egal in welcher Form sich auf irgendeinem Gestirn Leben zeigen würde ist dann wieder eine Frage offen ist die uns eigene menschliche Intelligenz auch nur ansatzweise in etwa zu finden oder wird sie vielleicht sogar noch weit übertroffen.

Hier muss man aber auch bedenken das es auch bei uns auf der Erde auch Kreaturen mit einer verblüffend hohen ungeahnten Intelligenz gibt, die in diversen Versuchen und in freier Wildbahn ungeahnte erstaunliche fast schon technisch ausgereifte Fähigkeiten gezeigt haben.

Also rationales und intelligentes Verhalten ist nicht nur dem Menschen gegeben, meistens sind diese Fähigkeiten aus dem Zwang die tägliche Ernährung für sich und vor allem für die Nachkommenschaft zu sorgen entstanden.

Auch der Mensch hat diese Grundkenntnisse und seine heutigen Fähigkeiten genau genommen aus demselben Grunde irgendeinen Bedarf zu decken im laufe der langen zurück liegenden Zeit erlernt.

Es ist also der Logik und der Auslegung unserer Altgeschichte folgend auch möglich, dass es auf diversen Gestirnen auch irgendwelche Formen von Leben geben wird, oder vielleicht auch gegeben hat.

Aber auf welchem der für uns in großer Entfernung nur funkelnden Sternen und Galaxien sich dieses einmal bewahrheiten wird steht wohl doch in den fernen Sternen und wird eventuell vielleicht erst in mehr als hundert Jahren oder noch viel später sich zeigen.

Wieso hat sich eigentlich dieser allseits bekannte Ausspruch, es steht in den Sternen in unserem Sprachgebrauch schon seit langer Zeit etabliert, kommt es auch daher das alles was den Himmel betrifft als Mysteriös bezeichnet wird oder unser Ursprung wirklich aus dem All zu kommen scheint.

Solange können wir nur vermuten und ahnen, dass es außer uns Menschen, der Fauna und Flora auf der Erde noch anderes Leben irgendwo geben wird.

Doch zurück zu der Frage was ist denn hinter dem Mond, hier wurden ja schon diverse andere Planeten in fast undenkbarer Entfernung ausgemacht.

Aber hinter der Sonne, was ist dort zu finden, liegen denn hierüber noch gar keine Erkenntnisse vor, wurde hier wirklich noch nichts gefunden oder hat man in den vielen zurück liegenden Jahren das Wissen hierüber vernachlässigt oder gar wieder verloren.

Da die Sonne, immerhin um die einhundertundfünfzig Millionen Kilometer von uns entfernt, mit einer Außenhaut Temperatur von etwa sechstausend Grad im Kern aber einige Millionen Grad hat, die durch verbrennen von Gasen erzeugte Hitze wird wohl noch einige Tausend Jahre anhalten, aber trotzdem irgendwann einmal Endlich sein.

Da die Sonne unser Zentralgestirn ist, liegt die Vermutung nahe das alle relevanten und für uns noch nicht sichtbaren Gestirne sich auch gleichmäßig um unsere Sonne sich bewegen. Doch dreht sich auch die Sonne um irgendetwas oder doch nur um sich selbst, oder dreht sie sich überhaupt nicht.

Selbst das ist noch nicht gänzlich geklärt, denn die enormen Sonnenexplosionen können mit logischem Denken nicht nur auf einer Seite der Sonne geschehen.

Denn das würde die Rundungen der Sonne ungleich belasten und verändern, sie dadurch dann immer mehr praktisch Eiförmig erscheinen lassen

Denn nicht alles was die Sonnenkugel bei den Eruptionen dann von sich gibt fliegt auch restlos ins All um dort zu verglühen oder zu erkalten.

Man kann dieses Geschehen bildlich in etwa doch mit einem Vulkanausbruch auf unserem Erdball vergleichen, nur mit wesentlich höherer Intensität, aber auch wie bei uns ein Vulkanausbruch wird die nähere und weitere Umgebung mit Asche und Lava überschüttet.

So wird es ja wohl auch bei den Sonneneruptionen sein, dadurch verändert sich kontinuierlich auch das nähere und weitere Umfeld um diese Austrittstellen. Doch eine ungeheure Menge an Materie fliegt ja auch ins Weltall, sind die unzähligen Meteoren nun alles Bruchstücke und erkaltete Masse von unserer Sonne oder wo bleibt diese ungeheure Masse letztendlich.

Denn es ist doch schon erschreckend wie viel Materie mit extrem hoher Geschwindigkeit neben dem vom Menschen verursachten Weltraummüll im All herumschwirrt. Da kann man eigentlich nur froh sein, dass unsere Erdumgebung, die Atmosphäre fast alle großen und kleinen Meteoren verglühen lässt bevor sie gefährlich für die Erde werden können.

Natürlich gibt es auch genügend Meteoren anderer Herkunft, wie zerborstene kleinere Gestirne aber auch eben vor unendlichen Jahren von der Sonne ausgespiene Materie in unterschiedlichen Größen.

Wenn man die enorme Entfernung zur Sonne bedenkt fliegen diese Brocken doch schon einige Zeit, vielleicht Lichtjahre im Weltall umher.

Was dann aber wieder eine Frage aufkommen lässt wieso nicht wesentlich mehr ernsthafte Kollisionen des Materials im Weltall geschehen.

Ja wieso bewegen sich denn diese zum Teil riesigen Brocken in dieser großen Zahl und das mit dieser zum Teil ungeheuren Geschwindigkeit durch das uns umgebende Weltall, kommt hier vielleicht der unterschiedliche Magnetismus dann zur Geltung.

Fliegen diese gewaltigen Brocken nun alle in eine Richtung, oder verharren sie konstant an ihrem Platz und nur die Gestirne drum herum bewegen sich.

Liegt vielleicht hier die Lösung der Frage darin, dass diese Unzahl von Meteoren alle in gleicher Richtung und fast mit gleicher Geschwindigkeit sich zu bewegen scheinen, oder gibt es da auch noch andere Antworten.

Ist unsere Erde nur zu träge und sie fliegen an Ihr vorbei, aber wieso immer in einer bestimmten Richtung und nicht ganz wirr kreuz und quer durcheinander, wer oder was gibt in unserem Universum eigentlich die Grundrichtung vor.

Oder sammelt sich vielleicht etwa dieses Material durch die jeweils eigene magnetische Kraft im Weltall an und bildet so über sehr lange Zeit gesehen dann einmal einen neuen Stern eine Nova am Sternenhimmel. Das wiederum ergibt noch eine Frage woher kommen denn überhaupt die unzähligen unterschiedlich großen Materienbrocken die im großen Universum sich anscheinend ungeordnet konfus bewegen.

Denn irgendwie müssen ja auch einmal die Sterne entstanden sein, kommt hier wieder der Begriff des Urknalls ins Spiel, was dann aber auch die Frage aufwirft ob alle Gestirne aus der gleichen Materie bestehen würden, doch dieses ist aber wohl auch nicht so.

Da wir das so schnell nicht schlüssig erfahren werden wie und warum das alles im Weltall so funktioniert wird es immer wieder tolle Geschichten und Berichte mit unbekanntem und fragwürdigem Wahrheitsgehalt geben. Aber auch genau aus dem gleichen Grunde werden es noch sehr lange unbeantwortete Fragen geben.

Diese maßgeblichen Fragen werden die Menschheit noch viele Generationen lang beschäftigen und vielleicht auch mal eine begründete Antwort finden.

Die vor vielen Generationen von einigen Wissenschaftlern und klugen Köpfen geäußerten Vermutungen und Deutungen sind doch damals für viele Jahre als absolute Spinnerei abgetan worden.

Aber was nachdenklich stimmt ist das diese sehr alten Ansagen und Aussagen bis heute noch nicht richtig oder nur zum Teil widerlegt wurden, sondern im Gegenteil sogar auch zum größten Teil nach und nach bestätigt wurden.

Sehr erschreckend ist aber heute doch der Umstand, dass immer weniger selbst nachgedacht wird, wozu den Kopf anstrengen, wenn eine Information zu einer Frage durch eine kurze Tastenbetätigung schon eine vorgefertigte Erklärung und Deutung zu erhalten ist.

Man könnte auch überspitzt sagen die heute nötige Intelligenz und das Wissen hält man somit in der Hand und hat sie nicht mehr in seinem Kopf.

Waren unsere Altvorderen tatsächlich mit wesentlich weniger technischen Hilfsmitteln damals klüger als die heutigen Generationen, oder sind die Wissenschaftler von heute mittlerweile auch schon etwas Fachblind geworden.

Oder ist auch in der heutigen Wissenschaft die überall grassierende Technikhörigkeit schon so weit fortgeschritten, dass alles was die Technik nicht an Information leistet im Grunde nicht existiert.

Wenn man mit dem heutigen technischen Verständnis diese angeführten und auch anderen Begebenheiten die unser Leben und das Universum betreffen betrachtet.

Dann müssen wir doch erschrocken konstatieren und feststellen das wir heute doch verdammt wenig mehr wissen, als das was unsere Vorfahren mit ihren damals doch recht mageren technischen Möglichkeiten und Kenntnissen schon wussten, berechneten und darlegten.

Sind somit aber offene Fragen erst dann auch schlüssig beantwortet, wenn es kein Wenn und Aber mehr gibt, oder liegt es in der Natur des Menschen sich mit keiner vielleicht auch richtigen Antwort zufriedenzugeben.

Sind wir nun zu Gleichgültig oder vielleicht zu Bequem, was nicht nur uns selbst, sondern im besonderen Maße auch mal unsere Nachkommen betrifft denn sie müssen mit dem zu recht kommen was wir Ihnen als großes Erbe überlassen.

Was für uns mal nur eine kleine Nachlässigkeit war, kann für sie aber ein schier unlösbares Problem darstellen.

Denn auch die uns nachfolgenden Generationen werden sich mit dem Universum unbedingt befassen müssen, denn obwohl da alles sehr weit fort zu sein scheint, ist es doch auch Lebenswichtig zu Wissen was der Zustand des Himmels und der uns umgebenden Gestirne für uns bedeuten kann.

Doch mit jedem Unwetter oder unverständlichen natürlichen Vorgängen in unserer uns umgebenden Atmosphäre bekommen wir doch auch gelegentlich vielleicht auch ungewollt tiefe Einblicke in den für uns so wichtigen Luftraum.

Genau so, wenn nicht noch viel wichtiger ist es eben sich mit dem Zustand des uns direkt umgebenden Raumes zu befassen, denn es schwirrt schon heute eine ungeheure unglaubliche Menge an Schrottmaterie herum.

Von den von uns an den Himmel abgegebenen Giften und Gasen ins All ganz zu schweigen, wie viel verträgt das All eigentlich letztendlich davon und wie lange können wir unsere Luft noch damit ungestraft belasten.

Wenn man mit Leuten auf der Straße sich über solche Gedanken unterhält erntet man in den meisten Fällen Unverständnis und auch schon Mal eine deutliche Ignoranz.

Man will sich nicht mit solchen etwas schwierigen hochfliegenden und auch tiefgreifenden Themen und Fragen befassen, da sind dann eben die täglichen Problemlösungen doch viel näher und wichtiger.

Der Mensch ist da doch schon komisch gestrickt, denn es interessiert ihn Hauptsächlich die Zeit die überschaubar noch vor ihm liegt als für Sachen und Zeiten die schon hinter ihm liegen, obwohl die Vergangenheit für ihn eigentlich genau so wichtig sein kann.

Denn die alten Erkenntnisse aus früherer Zeit können ihm das jetzige und das noch folgende Leben unter Umständen beachtlich erleichtern.

Genauso ist es doch auch mit dem Gedenken an die Vorfahren von jedem von uns, denn nur wer sich seiner Vorfahren bewusst ist und sie gerne ehrt weiß wer er ist, denn eins ist gewiss ohne seine Vorfahren gäbe es ihn ja nicht.

Obwohl neue Erkenntnisse genau so wichtig sind, beides miteinander klug kombiniert würde bestimmt mehr Einsicht und Erfolg für manches Vorhaben und wichtiges Geschehen von Heute haben.

Man muss einfach konstatieren das Alter und die Zeit kann man nicht trennen, es ist einfach mehr als nur als ein Kalender Blatt, das man am Ende eines Tages abreißt oder eine Uhr von der man die jeweilige Tageszeit abliest.

Denn ohne diese beiden helfenden Dinge verstreicht trotzdem unaufhaltsam Stunde für Stunde und Tag für Tag. Denn die, unsere schlüssige Zeitberechnung ist genau gesehen doch noch eine neuere Errungenschaft der Menschheit, denn der Zeitlauf existiert aber anscheinend schon wesentlich länger als die nachgewiesene Menschheit.

Müll wohin man sieht!

Ist giftiger und ungesunder Müll eigentlich nur ein Produkt der Gleichgültigkeit oder der Unwissenheit der breiten Masse der Erdenbevölkerung oder nur ein willkommener Profitgeber der Industrie und ist er auf einer Deponie wirklich für den Menschen und der Natur unschädlich untergebracht und entsorgt.

Der meiste Müll vor allem der nicht organische wird doch überwiegend auch nur aus Bequemlichkeit produziert und benutzt und dann mit großer Gedankenlosigkeit auf der Erde, im Wasser und in der Luft entsorgt.

Das Wort „entsorgen„ sagt doch eigentlich das man seine Sorgen los wird, doch das ist bei unserm Müll nun mal wirklich nicht der Fall, denn die Sorgen beginnen doch wirklich erst nach dem Gebrauch von Kunststoff und ihn dann nicht mehr los werden kann, weil er auf irgendeine Art ständig wiederauftaucht oder auch sichtbar wird.

Denn den wenigsten Menschen ist es heute wirklich bewusst, dass unser gedankenloses Verhalten der Welt und dem Himmel gegenüber uns selbst, aber besonders auch unseren Nachkommen beträchtlich schaden wird, denn sie werden gewiss wohl einmal unseren Müll unbewusst essen müssen.

So erschreckend es auch sein kann, es ist eine gewisse Dekadenz zu spüren, denn man würde sich fast gedankenlos dem was das Universum an Unbill einmal bringen würde dann ergeben müssen.

Denn nicht nur in den Weltmeeren schwimmt unendlich viel Wohlstandsmüll herum, sondern auch im Weltall und in unserer Atmosphäre kann man unzählige Dinge wenn auch nicht immer in fester Form vorfinden die eigentlich dort nichts zu suchen haben.

Denn selbst der Höchste Kamin und Schornstein kann nicht verhindern, dass die ausgestoßenen Gifte und Abgase uns nicht früher oder später am Erdboden doch wieder erreichen.

Da diese Gifte und andere Dinge im All und den Meeren ja gefühlt sehr weit fort sind interessiert das nicht die breite Bevölkerung in dem Maße wie es eigentlich dringend nötig und angebracht wäre.

Diese Ignoranz ist aber vor allem auch bei den Produzenten dieser schädlichen Dinge vor zu finden, denn der Profit heiligt hier doch wohl alle Bedenken, wie sonst ist es zu erklären das unbesehen weiter produziert wird obwohl jedem bekannt ist wie schädlich das Plastikaufkommen für jeden ist.

Besonders auffallend und auch erschreckend ist bei Betrachtung dieser Müllsituation, dass dieses unkontrollierte sichtbare massive Aufkommen von Verpackungsmüll und Umweltgiften übermäßig stark sichtbar in weniger gut entwickelten Gebieten auf der Welt vorkommen.

Das dort sogar wie selbstverständlich in dem angehäuften Unrat gewohnt und gelebt wird und von ihnen noch das vermeintlich Brauchbare aus diesem Müll ob nun schon verdorben oder auch nicht, herausgesucht wird.

Man kann gar nicht eindringlich genug darauf hinweisen, dass es wirklich an jedem einzelnen Erdenbürger liegt wie sauber und rein unser gesamtes Umfeld ist, Sauberkeit beginnt ja sprichwörtlich im Kopf jedes Einzelnen.

Denn wenn der Kopf etwas nicht eindeutig als Unrat erkennt wird es auch gedankenlos gegen jede Vernunft weiter gebraucht und somit dann auch irgendwann entsorgt.

Doch das sollte unbedingt jeder sehr gewissenhaft tun denn wenn ich das irgendwem überlasse dann gibt es auch keine verlässliche Sauberkeit.

Denn wenn eines Tages mal der gesamte Dreck und Unrat uns aus dem Himmel nachdem er sich dort vielleicht verfestigt hat vor die Füße fallen würde, würde wohl so mancher daran ersticken und zu Grunde gehen.

Fast jeder Mensch gibt sich große Mühe beim Erwerb von persönlichen täglichen Dingen auf saubere und gute Ware zu achten doch dabei lässt man sich leicht blenden von schönen Verpackungen, doch diese sind meistens total unnötig und füllen nur unnötig den immensen Müllberg auf.

Doch die meisten Menschen wähnen diesen täglichen anfallenden Wohlstandsmüll gedankenlos in sicherer Entfernung, aber wer gibt Einem denn die Garantie, dass es auch so ist und vor allem auch so bleibt.

Man hat doch alles fein säuberlich sortiert und einer dafür spezialisierten Fachfirma übergeben und trotzdem werden dabei ungeheure Berge an Müll aufgetürmt der aber unverständlich weise dann auch Tonnenweise in allen Meeren vorzufinden sind.

Denn auch die Spezialisten haben so ihre Probleme mit der ungeheuren Menge an Alltagsmüll, besonders der besonders haltbare Kunststoff sticht da extrem hervor, der von zu vielen gleichgültigen Menschen gedankenlos täglich entsorgt worden ist.

Ja es gibt doch tatsächlich Erwägungen unseren allerorts störenden Müll in irgendeiner Form auf einen der umliegenden Planeten zu transportieren und zu entsorgen.

Ich frage mich wie Krank muss denn ein so denkender Mensch in seinem Hirn sein. So ein verquerer Gedanke ganz nach dem Motto aus den Augen aus dem Sinn kann doch nur ein nicht zu Ende gedachter sein.

Denn der Nichtverrottungsgrad dieser Substanzen aus dem der Müll seinen Hauptbestand hat, ist enorm hoch, der ist ganz eindeutig Generationen überschreitend.

Unzählige Jahre wurden für die Entwickelung von vielen heute leider fast schon normalen Substanzen und künstlich erstellten Materialien geforscht und probiert und alles immer mit dem Blick auf Haltbarkeit und Langlebigkeit getätigt.

Aber genau dieser Anspruch wird heute zum großen Problem denn der gesunde Kreislauf der von Alters und der Natur her schon seinen Sinn hatte, nämlich schon unsere uralten Vorfahren orientierten sich schon an dem unumstößlichen Kreislaufprinzip, alles gibt die Erde und bekommt es auch wieder zurück.

Das war ein sehr guter Grundgedanke aber es bezog sich eindeutig eben auf organische Substanzen.

Somit konnte damals alles, vor gar nicht so vielen Jahren was wieder in der Erde vergraben wurde nach gewisser Zeit wie von selbst verrotten, gleichwohl wurde ja auch mit den anderen Elementen und Materien verfahren. Doch irgendwann musste ja alles viel langlebiger und beständiger werden.

So kam dann die Plastiklawine ins Rollen, mit der Unverrottbarkeit wurde dann jahrelang aufs äußerste geworben bis man fast gar nichts anderes mehr kannte und alles für unbedenklich gehalten wurde.

Damit hatte man aber unüberlegt den Ungeist aus der Flasche gelassen, den aber heute selbst mit größter Mühe kaum einer wieder hineinzubringen vermag.

Mit allen zur heutigen Zeit gängigen Aufrufen Kunststoffmüll zu vermeiden wird im Grunde nichts erreicht, weil die Industrie die Produktion schon aus Renditegründen nicht so schnell um und einstellen wird.

Sollte dann auf öffentlichem Druck eine Reaktion nötig werden, wird dann mit anderen Bezeichnungen und mit blumigen wohlklingenden Worten verschleiert der alte Werkstoff unter neuem Begriff weiterhin verarbeitet und auf den Markt gebracht.

Bis dann vielleicht wieder eine neue Verordnung dagegen nötig wird und diese dann fast mit den gleichen blumigen Worten wie schon gehabt erneut umgangen wird um wie auch schon gehabt weiter machen zu können.

Wenn man dabei den gesamten Herstellungsaufwand von Kunststoff und Plastik einmal von Anfang an über den Gebrauch hin bis zum Müllzustand und der Beseitigung bedenkt.

Da werden unzählige Schritte offenbar, die aber alle irgendwann auch eine Frage offenlassen, muss es eigentlich immer künstlich erzeugtes Einmalmaterial sein. Was aber die Dauergebrauchsgegenstände aus einem künstlichen Material auch nicht als unbedenklicher erscheinen lässt.

Denn Kunststoff jeder Art dünstet schön gleichmäßig über die Gebrauchszeit hin ständig gewisse Gase wie Weichmacher und dergleichen aus, was der uns umgebenden Luft auf Dauer auch nicht besonders guttut.

Erst nach längerer Zeit werden diese Dinge und Gegenstände dann brüchig und porös und somit unbrauchbar ist aber dann als Müll für eine normale natürliche Entsorgung auch nicht brauchbar, weil er ja nicht verrottbar ist.

Hier kann man eigentlich nicht umhin zu fragen warum kann ein Kunststoff nicht so hergestellt werden das eine natürliche völlige Verrottung möglich wird.

Denn alle Verordnungen und Unternehmungen sind doch nur wie das Laborieren an Symptomen und nicht das verändern und abschaffen von Ursachen, eben das völlige ausmerzen eines großen Grundübels.

Denn den Grundsatz der Natur beachten, muss und sollte oberstes Gebot sein, das so lauten könnte ohne eine zeitliche und natürliche Verrottungsgarantie gibt es auch keine Herstellungsgenehmigung.

Ein auch enorm großer Weltmeerverschmutzer ist die gesamte große Schifffahrt, ob Handel oder Luxusliner was da so ganz nebenbei ins Wasser abgeleitet wird würde an Land gewiss keinem der doch sonst bekanntlich so adretten Seeleuten einfallen und ganz gewiss auch nicht gefallen.

Bei den abgeleiteten Küchenabfällen und der gleichen Dingen könnte man ja sagen, organischer Abfall und Müll zersetzt sich nach einer gewissen Zeit.

Doch als Fischfutter sind diese Dinge nun mal auch nicht unbedingt geeignet, die austretenden Säuren und Nitrate sind nur für das sogenannte Unterwasser Unkraut gut.

Was zudem noch alles unbedacht oder auch bewusst im großen Wasser versenkt wird ist mit Worten fast nicht mehr zu beschreiben.

Außerdem verblasen die meisten Schiffe ganz selbstverständlich ohne die geringsten Gewissensbisse in ungeheurem Maße regelrecht puren Dreck in die frische Seeluft, denn der Großteil der Schiffe verbrennt mit ihren Motoren Tonnenweise äußerst giftiges und schmutziges aber eben billiges Schweröl.

Davon kann man leider zurzeit kaum einen Luxusliner oder Container und anderes Großschiff ausnehmen.

Denn der enorme Bedarf an deren Betriebsstoff kann rational anscheinend noch nicht anders gedeckt werden denn der angestrebte und vorgegebene Profit geht hier in ganz besonderen Maß vor Ökologie.

Vielleicht ist das eben auch nur ein Argument um die hohen Betriebskosten zu senken und zu rechtfertigen denn alles muss ja bekanntlich mehr als billig und günstig sein, auch wenn man damit sogar in letzter Instanz seine eigene Existenz ernsthaft bedroht.

Darum werden ja auch der Großteil der Schiffe, hier muss man von sehr vielen in die Tausende gehende Schiffe aus gehen, unter fremder Fahne betrieben.

Weil in diversen, vor allen östlichen und asiatischen Ländern recht Laxe Vorschriften gelten und somit auch gewaltige sonst nötige Investitionen und natürlich auch Lohnkosten gespart werden können.

Muss eigentlich erst eine große Katastrophe geschehen das die breite Mehrheit der Menschheit die Gefährlichkeit ihrer Tätigkeiten und Gleichgültigkeit erkennt. Nur um die gewünschte Rendite vieler Unternehmungen zu sichern, doch dann wäre es wirklich zu spät, wenn die ändernde Erkenntnis nicht bald eintritt.

Hier muss dringend bald von der Gesetzgebung etwas unternommen werden denn auf Selbstbeschränkung und menschlicher Vernunft pochend ist da so schnell keine Änderung zu erwarten. Bei der immensen großflächigen Verschmutzung einiger Meeresabschnitte kann man sich der Frage nicht erwehren, hat das auf Dauer nicht auch unangenehme Auswirkungen auf unser Klima.

Da ja bekanntlich die drei Urelemente wie Erde, Luft und Wasser in seiner ständigen Bewegung nachweislich eben auch unser allgemeines Klima doch sehr stark beeinflusst.

Störungen dieser gleichmäßigen Abläufe nicht nur auf dem Meeresgrund, sondern und besonders auch mit dem über Kilometer sich ausbreitender schwimmender Müllteppich können und werden daher auch für unser Klima auf Dauer extrem schädlich sein.

Denn die nötige freie Bewegung im Wasser wird durch diesen enorm großen dicken Müllteppich eindeutig gebremst und behindert, dadurch ist auch der ganz natürliche nötige Temperaturausgleich in der Luft in einem erschreckenden Maße behindert.

Die allgemeine Klimaentwicklung wird ja zurzeit in aller Munde geführt, aber wieso wird da nur mehr Debattiert als getan.

Die Klimakatastrophe ist genau genommen viel näher als manch einer Glauben mag, man hat viel zu lange tatenlos zugesehen wie aus unzähligen Kaminen, Abluftrohren und auch aus Auspuffrohren besonders beim Diesel ungestraft pures Gift für unsere lebenswichtige dringend benötigte Luft gepustet wurde.

Ja man hat sogar vom Staat viel Geld genommen um angebliche Änderungen zur Luftverbesserung voran zutreiben in Wirklichkeit hat man aber an den Abgas Geräten nur manipuliert um einen vorgegebenen Fortschritt eben vorzutäuschen zu können.

Die Ironie daran ist das jetzt wieder viel Geld fließen muss um die manipulierten Geräte mit denen man im Unverstand Geld verdient hat nun auf Kosten der betrogenen Erwerber umzurüsten.

Die Verantwortlichen, die für dieses Fiasko stellenweise sogar sehr hohe Erfolgsprämien kassiert haben, können in Ruhe nun dieses eigentlich zu Unrecht kassierte Geld ungestraft verleben.

Doch es ist heute wirklich unverantwortlich und zudem unglaublich das es in Europa noch Fabrikanlagen und Heizsysteme gibt und munter weiterbetrieben werden die fast noch auf dem Stand der Jahrhundertwende sind.

Wenn man den hohen Erhitzungsgrad von Ortschaften bedenkt muss man doch einfach mal die Frage in den Raum stellen, was sollen denn die ganzen fast unnötigen Aktionen, Investitionen und Aussprüche wegen Luftreinhaltung und Lufterwärmung wenn man andererseits frisch drauflos die Luft verpesstet, aber den einfachsten Weg der wichtigen Luftverbesserung einfach außer acht lässt.

Alleine wenn man die gesamten Dachflächen einer Ansiedlung im Besonderen bei großen Werkhallen, auch mit leichter Neigung grundsätzlich mit einer schon lange bekannten dafür geeigneten Bepflanzungen versehen würde und das Weltweit.

Das hätte eine ungeahnte positive Wirkung auf das Klima Allgemein und auch einer Ortschaft, es würde so manche heiß umstrittene Frischluftschneise Beispielsweise fast überflüssig machen.

Der eventuelle Mehraufwand bei Neubauten oder bei einer Nachrüstung ließe sich vielleicht durch eine entsprechende Auflage und Besteuerung der Bauwerke wo keine Bepflanzung stattfindet in etwa ausgleichen.

Man kann auch mit kleineren effektiven Aktionen viel für eine nötige Klimaverbesserung tun, man muss dafür nicht gleich das Rad neu zu erfinden.

Denn Eins ist heute auch schon eine traurige Gewissheit, nicht nur die Luft und der Müll aus dem Weltall, sondern auch und besonders der aus den Meeren ist ja schon längst auf dem Rückweg zu uns und dass nicht nur bei Fischgerichten, man kann ihn fast schon täglich in der Form von winzigen Partikeln auf unseren Tellern vorfinden.

Ich frage mich wirklich ernsthaft wer entsorgt denn bewusst gedankenlos eigentlich seinen Müll und Unrat um ihn dann etwas später dann unbedenklich nur in anderer Form zu Essen, darf die Gedankenlosigkeit und Profitgier soweit gehen.

So mancher wird jetzt sagen, dass diese Aussage nur Angstmache wäre, aber ein klares nein das ist schon heute eine wahre Realität.

Denn in vielen Fischen und Seetieren sowie in anderen Tieren und nicht nur dort, von dem wir uns täglich ernähren ist Müll in Mikroform zu finden und das nicht gerade nur in ganz geringen Mengen, sondern stellenweise schon fast in bedrohlichen Maßen.

Es werden mit zunehmenden Maß Plastik und andere Stoffe von unserem täglichen Müll abstammende Partikel in Mengen entdeckt und gefunden und dass eben nicht nur bei Tieren zu Lande und zu Wasser, sondern auch selbst in anderen pflanzlichen Nahrungsmitteln.

Man kann heute schon fast gar keine Lebensmittel und Lebenswichtige Dinge mehr ohne irgendwelche Restbestände oder Rückbelastungen als indirekte Lebensmittel Verschmutzung mehr finden.

Selbst im Eigenanbau könnte man fündig werden, denn mit Substraten und Düngemittel, ja selbst aus dem eigenen Kompost wird die unendliche Kette der Verunreinigungen gebildet und ständig immer wieder weitergegeben.

Bei diesem Gedanken kann einem eigentlich nur der Ekel ob solches Tun einholen, da hilft es auch nicht sich streng vegetarisch zu ernähren.

Denn dann hätte man ja doch zum Beispiel die Verpackung damals auch gleich mitessen können und nicht erst mühselig entsorgen wollen um sie eine gewisse Zeit später dann doch noch unbewusst zu verspeisen.

Denn das der tägliche Müll und diverse Gifte uns in diversen Lebensmittel wieder beggnen ist mittlerweile kein Geheimnis mehr, nur wesentlich verkleinert in ihrer Struktur aber gewiss nicht in der Menge und Gefährlichkeit.

Selbst einige noch so aufwendig produzierte Biowaren können sich heute gewiss nicht mehr ganz frei von diversen bedenklichen Einflüssen aus diesem Wiederverwendung oder Wiederkehr Kreislauf sprechen.

Wie ist es eigentlich für jemanden, es mit sich selbst zu vereinbaren, dass man bewusst mehr Geld für Lebensmittel ausgibt um sich bewusst und gesund zu ernähren.

Aber zugleich gedankenlos Verpackung und Zugaben in extrem großen Mengen produziert und dann fast gewissenlos entsorgt, oder um das dann auch anderen zu überlassen, die mit Sorgfalt eben nicht viel im Sinn haben.

Diese Verpackungen die man mit etwas guten Willen hätte vermeiden können, noch viel besser wäre es sie gäbe es erst gar nicht.

Wie gesagt das Grundmaterial davon kann einem dann gewiss einige paar Mal bei diesem normalen Kreislauf im Leben wieder begegnen.

Denn einige eigentliche Fremdstoffe sind wohl auch in allen Futterstoffen zu finden, die manches mal auf recht abenteuerlichen Wegen hineingekommen und vorzufinden sind denn klinisch reine Futter und Düngestoffe gibt es ja wohl auch nicht mehr.

Hier könnte man fast schon Sarkastisch vermerken, dass auch heute noch trotz aufwendiger Aufklärung sehr vieles im Argen liegt, doch auch der Spruch der Reibach heiligt alle unmöglichen Dinge hätte dann vielleicht auch seine Berechtigung gefunden.

Besonders interessant und zugleich problematisch ist in diesem Zusammenhang das die Behauptung zu einem x-beliebigen Produkt, das die leicht oder schwer verständlichen Beimischungen unter der gesetzlich geduldeten Grenze liegen würden.

Kommt hier wieder einmal ein alter Spruch überdeutlich zur Geltung, alles was nicht eindeutig verboten wurde und kann man auch tun.

Ist in der Natur, der Ernährung und in den uns direkt betreffenden Dingen immer eine Untergrenze notwendig um dem menschlichen Findungsreichtum auch einen Einhalt zu gebieten wieso verbietet sich das eigentlich nicht komplett von alleine.

Denn der, dem so etwas aus Rentabilitätsdenken völlig egal ist schlägt sich am Ende doch selbst mit ebenso unappetitlich aufgemischten alltäglichen Dingen anderer Hersteller die aus gleicher Gesinnung handeln das sind eben Dinge die von ihm aber zum täglichen Leben eben auch benötigt werden.

Somit müssen eben unzählige Ersatzstoffe, nicht immer besonders gesund die gewünschte Menge und den gewünschten Geschmack ergeben und zum Wiederholten Male wieder neu in unsere Ernährung zugegeben werden.

Denn das Ganze ganz fein gemahlen bemerken doch die wenigsten Menschen denn leider sind die meisten dieser Stoffe eigentlich geschmacklos.

Wenn man heute einen sogenannten Beipackzettel oder Text versucht zu entschlüsseln stellt man sehr schnell fest, dass man einige Semester der verschiedensten Fakultäten verpasst hat.

Gegen die allgegenwärtige schon obligatorische Gewinnsucht und Gedankenlosigkeit ist aber leider auch nach vielen Hundert Jahren noch kein Kraut gewachsen, oder der Mensch ist nicht fähig aus den gravierenden Fehlern unserer Vorfahren doch irgendwann etwas zu lernen.

Selbst studierte Chemiker haben da stellenweise ihre Probleme, denn der Erfindungsreichtum in der Wortakrobatik mancher Hersteller ist unerschöpflich und unglaublich.

In dem man nur nach dem schon erwähnten Prinzip eben im Umkehrschluss verfährt:

Was nicht ausdrücklich verboten ist,
ist sogleich auch erlaubt!

Hat hier der normale gesunde Menschenverstand bei manchem Mitmenschen total versagt oder ist der göttliche Glaube an den Gewinnen und dem Mammon nur der umtreibende Gedanke.

Da muss dringend ein Umdenken ganz nach einem wohlbekannten Motto stattfinden

Was du nicht willst, dass man dir tu,
das füge auch keinem anderen zu.

Dieses wichtige Motto sollte eigentlich unbedingt auch bei unserer täglichen Nahrung seine unerschütterliche Gültigkeit haben.

Doch wenn man sich einmal ganz genau und kritisch die Herstellung der Massennahrungsmittel betrachtet kann einem auf einem Schlag jede Art von Appetit vergehen.

Denn es ist tatsächlich keine Utopie mehr was heut zu Tage so alles in den Ställen, Zuchtbetrieben und auch Gewächshäusern geschieht, es werden überall Tonnenweise Antibiotika und Wachstumsbeschleunigermittel, also Chemie eingesetzt.

Diese Antibiotischen Mittel bestimmen somit auch unser eigenes Leben vom Säuglingsalter bis zu unserem Ableben in beträchtlichem Maße.

So mancher Arzt bräuchte eigentlich keine Antibiotika mehr verordnen da sein Patient ja schon genug davon mit dem Essen und trinken zu sich genommen hat. Es ist zurzeit auch überhaupt kein Geheimnis mehr, dass immer mehr Personen schon regelrecht Antibiotika Resistent sind, doch ein anderes Mittel als vollen Ersatz gibt es aber anscheinend auch noch nicht.

Fast sarkastisch kann oder muss man hier doch konstatieren es wird aller Orten erst nach einem ernsthaften Verbot oder gravierenden Zwischenfall dann vielleicht mal notgedrungen umgedacht, eventuell wird dann aber auch eine anrüchige Sache einfach nur umbenannt und es wird nach altem Muster weiter gemacht.

Es drängt sich einem doch einfach der Verdacht auf, dass allerorten die gleiche Handlungsweise getätigt wird, wenn etwas unangenehm auffällt wird das von Amtswegen zwar bemängelt, aber die grundsätzliche Entsagung nicht ausgesprochen.

Somit bleibt es bei einer nur augenscheinlichen Änderung und es werden eben nur ein paar Symptome aber nicht der eigentliche Grund eines Übels beseitigt.

Die zum Teil in sich geschlossenen Anlagen werden konstant immer wieder mit den gleichen Monokulturen bestückt, also muss hier alles genau ausgerechnet künstlich geregelt werden, was sonst die Natur für uns tut, Hauptsache man kann die Vorveranschlagten Produktionen bei mehreren Ernten im Jahr einhalten.

Von Natur keine Spur, so könnte man auch beim betrachten mancher Quadratkilometer großer Kunststoff Gewächshäuser Anlagen sagen.

Es gibt da sogar einige Ställe, wo ein Jungtier in seinem verhältnismäßig kurzen Leben nicht ein einziges Mal auf einer frischen grünen Wiese sich bewegen konnte.

Dieses Fleisch kann eigentlich nicht gesund sein, denn Fleisch ist von Natur aus eine Muskelfaser die auch durch Bewegung sich voll ausbildet, wo die natürliche Bewegung fehlt muss dann eben die künstliche Laufbahn, Bürstmassage und dergleichen herhalten.

Denn wer sollte eine Stallbesetzung von stellenweise bis über Tausend Tieren täglich auf die Weide bringen und am Abend wieder darin unterbringen.

Auch die unglaublichen Ausmaße einer Fischzucht Anlage ist schon wirklich Utopisch, denn nur Eines dieser in die Meere in gewisser Ufernähe eingebauten Netzbecken, wovon es aber unzählige gibt beherbergen im Schnitt über eine halbe Millionen mittelgroße Fische auf verhältnismäßig engem Raum.

Diese immens große Anzahl in einem gerade noch überschaubaren Becken wurde auch schon einmal für den ja nicht gerade kleinen Lachsfisch angegeben.

Je nach Fischgröße, wie bei den Doraden liegt da die Menge noch weit darüber. Eine schier unglaubliche Menge Fische wird in so einer Meeresbucht mit vielen Zuchtbecken mit der Unterstützung von Tonnenweise Antibiotika und künstlichen Futter auf engen Raum schlachtreif aufgezogen.

Solche Zuchtanlagen muten einem ja schon Utopisch an und sind bei Leibe keine einzelnen geistigen Verwirrungen von Umsatz und Erfolg heischenden Personen an, sondern sind mittlerweile schon fester Bestandteil unserer täglichen Ernährung.

Wie schon gesagt, von wirklicher reiner Natur keine Spur, aber die Deklaration spricht da auch schon eine ganz andere unnatürliche Sprache. Schon fast zynisch hört es sich dann an, es wird ja dann erklärt und bescheinigt, dass das Antibiotikum bei der folgenden Weiterverarbeitung den Tieren auf das menschlich verträgliche Maß reduziert und wieder entzogen wird.

Wie soll man sich denn das bildlich vorstellen? Schickt man den lebenden Fisch oder das Tier durch eine Waschanlage oder gibt man ihm nochmals eine Chemikalie zum Annullieren der gewaltigen Menge an Anabolika.

Oder ist dies auch wieder nur eine wohlklingende Werbeaussage zur Gemütsberuhigung. Dürfen diese künstlich aufgepäppelten Fische und Fleischlieferanten überhaupt noch als natürlich aufgezogen bezeichnet werden, denn von der normalen Natur ist man hier doch wirklich schon Meilenweit entfernt.

Man möchte doch auf so schon künstlich erzeugte Lebensmittel wirklich verzichten, aber welche sind denn letztendlich nicht künstlich bearbeitet worden, wo man auch hinsieht man entdeckt überall den Einfluss von Chemie und künstlichen Hilfsmitteln.

Kann man überhaupt noch ganz natürliche Nahrungsmittel im Handel erhalten oder machen da wiederum die Hersteller Umsatz gesteuert große Versprechen, die bei genauem Hinsehen ihren deklarierten Wert gar nicht haben, weil doch in irgendeiner Form nachgeholfen wurde.

Wenn solche Machenschaften, ob nun genehmigt oder auch nicht, heute schon als fast normal angesehen und betrieben werden, wie und wo wird denn in einigen Jahren unsere Ernährung hergestellt werden und dann aussehen.

Man kann besonders für unsere Nachkommen wirklich nur hoffen das neben dem ganzen Unrat und unnatürlichen Vorgängen in der Luft und im Wasser noch genügend Platz bleibt um einiger Maßen gesund damit und davon leben zu können.

Es gibt in und auf unserer Welt unzählige direkte und vor allem sehr viele versteckte Schmutzverursacher, die aber gedankenlos weiterbetrieben werden, zurzeit wird ja die Diesel Automobilität als schlimmer Verursacher und Buhmann dargestellt.

Es ist im Grunde eigentlich nicht zuglauben aber es scheint doch tatsächlich so zu sein dass Konzernchefs der Autobranche nur den geheiligten Umsatzzahlen gehuldigt haben und für diese angeblichen Erfolgszahlen horrende Prämien kassiert haben und im stillen die gemachten Manipulationen abgesegnet haben die die ganze Welt verpesten.

Hier muss man aber doch die Frage stellen ist nun nur der Techniker der diese Manipulation entwickelt hat nun der Betrüger, oder der der diesen Betrug an Tausenden von Kunden abgenickt und genehmigt hat.

Eins muss man aber ganz deutlich sagen, Betrug bleibt Betrug, egal in welcher Etage einer Firma er geschieht und er sollte mit aller Härte des Gesetzes bestraft werden. Von den noch viel größeren Umweltsündern hört man da dann doch auch recht wenig, hier sind große Werke genau so stark betroffen wie die angeblich ach so saubere Stromerzeugung mit Atom und Braunkohle.

Erst wenn einer richtig dagegen aufmuckt könnte sich etwas ändern, aber ob das dann auch alle wollen steht schon wieder auf einem anderen Blatt oder auch in den Sternen. Denn die Rendite und Machbarkeit sind überall auf der Welt und besonders in den wirtschaftlich starken Ländern die große Triebfeder und da zählt die Gesundheit der Bevölkerung doch eine untergeordnete Rolle. Da werden lieber die Abluftkamine in schon astronomische Höhen gebaut, in der irrigen Ansicht je weiter nach oben um so weniger schädlich sind die Abgase, doch sie kommen durch die Witterung bedingt wie ein Schluckauf wieder zurück.

Kein vernünftig denkender Mensch würde seine Behausung und sein Leben direkt neben einer Ablüftung eines Büro und Geschäft Hauses oder auf einem Dach einer produzierenden Fabrik einrichten, es sei denn dieses Fleckchen Grund ist konkurrenzlos günstig.

Denn das was da so alles gedankenlos in die Luft geblasen wird, würde ihm sehr bald den Garaus machen seine Überlebenschance und seiner Nachkommen wäre dort sehr gering. Denn es ist nicht alles nur verbrauchte und gefilterte Luft, sondern es sind in sehr hohem Maße auch recht aggressive Gifte und Gase.

Wird dann erst etwas dagegen unternommen, wenn dann wie bei einer großen Schweinezuchtanlage geschehen ist. Wo die ätzenden und scharfen Ausdünstungen von Hunderten Tieren einfach in den Himmel geblasen wurden und die Umgebung und die Anwohner bei einem normalen Wettertief damit regelrecht gesundheitlich in bedeutenden Schwierigkeiten gebracht wurden.

Der Betreiber dieser irrsinnig großen Anlage war sich noch nicht mal eines Fehlers bewusst, ihm war anscheinend nicht klar, dass in die Luft geblasene schlechte Luft noch lange nicht entsorgt, sondern nur verlagert ist.

Trotz aller hoch technisierten Filtersysteme geht da fast unbedacht oder verschwiegen ein wirklich nicht gesunder aber schön geregelter gewaltiger Lebens beeinträchtigender Luftstrom in die Umgebung und Atmosphäre.

Da sind auch Gase dabei, die spätestens dann beim nächsten Regen auch wieder auf uns niedergehen werden.

Denn Eines ist ganz gewiss nicht alles Gesundheit Schädliche was im Moment aus dem Blick ist auch endgültig fort es wird sich eventuell nur wandeln, aber einmal in Umlauf gebracht bleibt es für alle Zeiten immer noch in irgendeiner Version existent.

Auch wenn sie sogenannt Umweltfreundlich entsorgt wurden, denn irgendwo muss die Masse der Substanzen ja letztendlich bleiben selbst mit einer Verbrennung bleiben ja auch wieder giftiger Rauch, Abgase und Asche, selbst mit dem besten Filtervorgang bleiben dann auch wieder Reststoffe übrig.

Die ganze Palette der Gifte und Gesundheitsschädlichen Substanzen werden wir nicht wieder los. Somit ergibt sich doch immer wieder ein unendlicher Kreislauf, wie ein nie stillstehendes Karussell. In irgendeiner Form werden wir vor allem die augenblicklichen Lebenserleichternden Dinge ob Gifte, Gase oder Kunststoff und so weiter uns unangenehm wieder und wieder, vielleicht auch eben nur in anderer Form aber genauso giftig wieder begegnen.

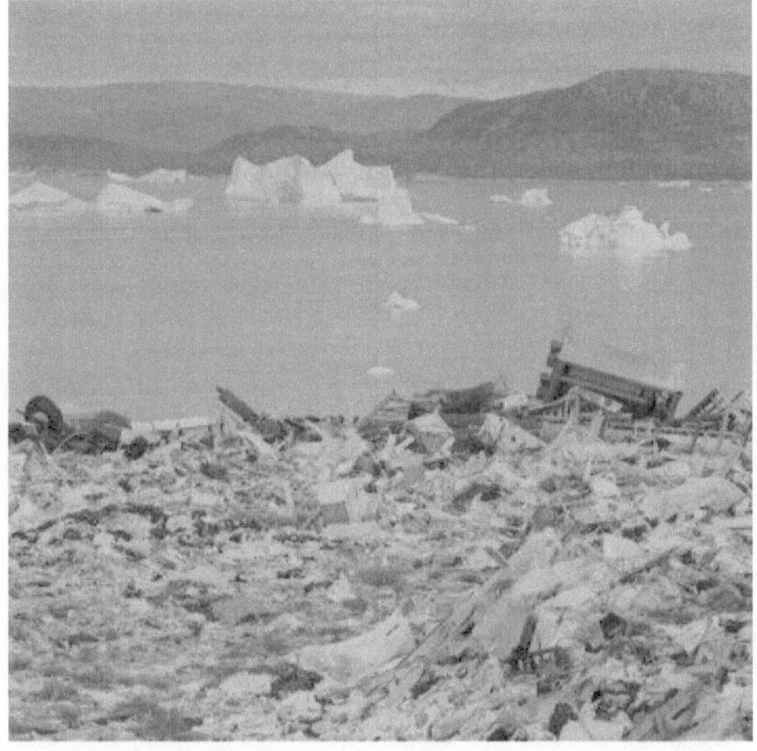

H.H.

Nicht nur Eisberge, sondern auch Müllberge!

Unzählige Menschen vegetieren tatsächlich mitten im Müll und leben sogar auch noch wirklich davon.

Zudem kann man sich eigentlich nur wundern, es entstehen auch heute noch immer wieder sogenannte Slums oder menschenunwürdige Wohnstätten, obwohl man diese Behausungen eigentlich gar nicht als so was wie eine Wohnung bezeichnen kann.

Was besonders erschrocken macht ist doch die Tatsache, dass diese Lebensumstände besonders in vor vielen Jahren noch als Paradiesische Landschaften bezeichnete Landstriche als fast ganz normal angesehen werden. Doch die dortigen Bewohner in der Bevölkerungshierarchie die unterste Stufe einnehmen und kaum ein Entrinnen von dort für sie möglich ist.

Wer hätte vor vielen Jahren mal daran gedacht, dass man Erdöl damals als Basis für alles Mögliche hoch gelobt, heute unvermutet auf dem Teller hat und tatsächlich isst.

Doch auch das ist heute doch schon ganz normal es wurde zudem ja auch schon das besorgniserregende Mikroplastik im menschlichen Körper nachgewiesen, was man noch bis vor kurzer Zeit doch als nicht für möglich gehalten hätte. Es würden in manchem Supermarktregal und nicht nur dort diverse Dinge fehlen, wenn man alles was mit der Basis, vom Erdöl und Plastik abstammend konsequent entfernen und verbieten würde.

Steht hier nur der momentane Gewinngedanke an vorderster Stelle oder was hindert einen Forscher und Chemiker daran so etwas wie verrottbarer Kunststoff für diesen übergroßen Markt zu entwickeln oder gibt es so etwas sogar schon. Hier kann man eigentlich nur wieder die Frage stellen warum können diese Dinge nicht aus verrottbarem Material sein, dass sich nach einer gewissen kurzen Zeit auf natürlichen Wege wieder auflöst und restlos ohne schädliche Rückstände zurückgeführt werden kann.

Dass ein gewolltes und geplantes Verfalldatum möglich ist zeigt sich doch mittlerweile vor allem auf dem Gerätemarkt überdeutlich.

Denn nur wenige Gerätschaften, ob nun Teuer oder Billigware überstehen ganz selten die von der Industrie indirekt vorgegebenen fünf oder sechs Jahre.

Sollte das Material durch gute Pflege dann doch mal länger halten dann ist ganz gewiss die begleitende Technik veraltet und muss deshalb doch ausgetauscht werden. So kann man auch den Kreislauf von Waren bewusst zu seinen Gunsten steuern und den sich wiederholenden Bedarf ständig auf recht hohem Niveau halten.

Leider ist es heute kaum noch möglich den schädlichen Synthetischen und künstlichen Ersatz und Zusatzstoffen in unserer Ernährung und den Alltagsdingen aus dem Wege zu gehen. Sind das nun die besagten Geister die man einmal gerufen hat aber nie wieder los wird, egal in welche Form auch immer man sie auch vorüber gehend bringen mag sie erscheinen uns immer wieder.

Denn in der natürlichen Abfolge bekommt man doch irgendwie tatsächlich alles was nicht vollständig verrottbar, also nicht organisch ist wieder, selbst dass was man vorher sogar als richtig entsorgt betrachten konnte.

Meiner Meinung nach wäre hier nur eine generelle und rigorose Kehrtwendung dringend angeraten und nötig und auch gewiss machbar. Wenn die Chemiker einen natürlich verrottbaren günstigen Kunststoff Marktfähig machen würden, ich kann mir nicht vorstellen, dass dieses nicht technisch möglich sein soll.

Auch wenn dieses im ersten Moment auch als teurer erscheinen mag, dass würde sich aber mit einer recht hohen Versteuerung der nicht verrottbaren Materialien sehr schnell ausgleichend darstellen. Solch eine grundsätzliche gesetzliche Vorgabe sollte dann auch Weltweit seine Gültigkeit haben und erreichen, damit auch die kleinste Hintertüre und Ausnahme ausgeschlossen werden kann.

Dieses ist aber dann nur möglich wenn auch die maßgeblichen Regierungen voll dahinterstehen würden und auch keinerlei Ausnahmen zu lassen. Denn alle immer wieder aufkommenden Argumente und Ermahnungen zur Müllvermeidung von kritisierenden Personen an den normalen Verbraucher verklingen wie ein leiser Ton im starken Wind.

Denn der Nachschub an billigen künstlichen Dingen ist viel verlockender und verlockender als die vielleicht unbequeme Einsicht. Denn die Unachtsamkeit und die Gleichgültigkeit Allem und Jedem gegenüber ist wesentlich verbreiteter als die eigene Einsicht und Beschränkung.

Der Eigennutz einiger Verbraucher, aber auch der Produzenten lässt die Vermutung aufkommen, dass diesen Herrschaften die spätere Versorgung und das Leben ihrer späteren Nachkommen anscheinend völlig egal ist, obwohl genau diese Klientel besonders empfindlich reagiert wenn man etwas gegen deren Kinder und Kindeskind äußert.

Doch diese Eigenschaften müssen wieder wesentlich mehr Raum in unserem Leben einnehmen, als der gedankenlose Gebrauch und Verbrauch von Ressourcen unserer Erde, denn alles wird einmal zu Ende gehen auch wenn man meint alles ist im Übermaß vorhanden.

Nur mit diversen Verboten und Appellen ist überhaupt nichts geregelt, denn dass was direkt leicht zu greifen ist wird auch genutzt, vielleicht sogar gelegentlich mit etwas schlechtem Gewissen.

Diese Handlungsweise erinnert mich doch recht stark an das Verbot meiner Mutter in damaliger recht schlechter Nachkriegszeit von der offensichtlich vorhandenen Schokolade zu naschen. Selbst ein Stubenarrest hat da damals doch auch wenig Erfolg gehabt, denn die gelegentliche Versuchung war einfach zu stark.

Doch die nächste und auch die überübernächste Generation sollte doch auch noch etwas vorfinden und nicht vor einer völlig ausgebeuteten Erde stehen.

Somit sollte das oberste Gebot unbedingt schon heute lauten, alles was abgebaut und Produziert wird muss in dem Boden auch verrottbar und später auch wieder brauchbar sein.

Man muss sich dessen unbedingt bewusst sein und werden, dass der lebenswichtige Kreislauf im Leben eben nicht unterbrochen werden soll und kann.

Grundsätzlich gilt doch immer noch das Naturgesetz, was ich der Erde und dem Himmel entnehme sollte ich ihm nach dem Gebrauch auch wieder so zurückgeben, so dass die Natur auch damit unbedenklich umgehen kann.

Aber auch eins ist gewiss was ich der Natur Schlechtes antue kommt über kurze oder lange Zeit auch wieder zu einem zurück. Spätestens unsere Enkel und deren Kinder werden mit diesen heute achtlos produzierten und entsorgten Dingen und Materialien noch einmal ihre größten Sorgen haben.

Diese ganze heutige Weltweit recht unschöne und eigentlich unnötige Situation kann man auch wie einen lästigen Schluckauf bezeichnen,

Hoppla da bin ich wieder!

Ein zweiter Blick in den Himmel.

Die heutige aktuelle Raumfahrt ist mittlerweile ja schon recht fortgeschritten, wenn man so an die Anfänge und ersten Flüge zurückdenkt.

Doch ich frage mich, wenn auf einem Planeten und auch bei einer Raumstation keine Atmosphäre, also Luftdichte vorherrscht wie funktionieren dann die herkömmlichen Rückstossantriebe, also Raketen nur mit unvorstellbarer brachialer Gewalt und mit ungeheurer Menge an Antriebstoffen?

Auf dem Mond oder einem anderen Planten könnte man ja die Oberfläche als so eine Resonanzfläche ansehen, aber bei einer freischwebenden Station ist das dann doch wohl eine gänzlich andere Angelegenheit.

Denn der normalen Logik nach sagt es ja auch das Wort Rückstoss also Rückwärtiger Abstoß schon kann eigentlich nur dann funktionieren, wenn etwas Ausgestrahltes auf einen festen gewissen Widerstand trifft.

Da ja sonst kein richtiger Schub nach vorne stattfinden kann, oder der Ausstoß muss dann schon überdimensional sein, eben ein Mehrfaches der Dichte des Hintergrundes.

Aber das bedingt dann doch auch ein sehr großes Reservoire an komprimiertem Treibstoff.

Wenn man verständlicher Weise auf einen atomaren Antrieb verzichten möchte dann wäre doch die schon vorab erwähnte Rotation in irgendeiner umsetzbaren Form einmal in Erwähnung zu bringen.

Denn bei diversen Kriegsgeschossen hat man auch schon vor langer Zeit erkannt, dass rotierende Granaten eine wesentlich größere Reichweite hatten.

Dieser Gedankengang ist eigentlich auch nicht so abwegig da sich fast alles im Weltall zu drehen scheint und das sogar mit einer beachtlichen Geschwindigkeit, warum denn nicht auch in der Raumfahrt.

Apropos Raumstation und Satelliten auf ihrer Umlaufbahn, wie und mit was hält sich so ein Konstrukt denn auf seiner vorgegebenen Position.

Denn ein freischwebender Gegenstand ist doch eigentlich sehr empfindlich bei selbst den leichtesten Windbewegungen, gibt es denn im Weltraum gar keinen Wind, das ist eigentlich kaum erklärlich denn alles was sich dreht erstellt doch auch eine Luftbewegung.

Genau so sollte man doch auch mal wissen gibt es wirklich nur den Zurzeit uns bekannten Rückstoßantrieb oder könnte man mit den heutigen Erkenntnissen der Raumfahrt auch andere Beschleunigungsarten nutzen, die erstens keine Abgase produzieren und eventuell auch in unserer normalen mobilen Welt genutzt werden könnte.

Ideal wäre ja dann wohl ein Antrieb der keine fossilen und endlichen Stoffe in Mengen benötigen würde.

Hier zeigt sich doch noch ein sehr großes und dankbares Betätigungsfeld für diese spezielle Wissenschaft.

Ich würde gerne mal von einem Raumfahrer der nun schon zum zweiten Mal einen Aufenthalt in einer Raumkapsel machen durfte erfahren, ob er uns nicht einmal erklären könnte was in der unsrigen Galaxie denn praktisch auf der Rückseite der Station und den Gestirnen noch so alles zu sehen gibt.

Würde er sich auch den sehr lange dauernden Flug zum Mars zutrauen, wahrscheinlich Altersbedingt heute nicht mehr, aber was könnte er sich so vorstellen dort vor zu finden da er ja schon um einiges rund vierhundert Tausend Kilometer näher dran war als unser Einer hier auf der Erde.

Was müsste man sich denn vorstellen, wenn man dann auf dem Planet ist und dann einen recht weiten und tiefen Blick in das Firmament tun kann erwartet so ein Raumfahrer wirklich etwas Erkennbares vorzufinden, oder interessiert ihn Aufgaben gerecht nur die Oberflächen Beschaffenheit und die Atmosphäre dieses anderen Planeten.

Ich kann mir einfach nicht erklären was man real noch außerhalb von unserem Blickfeld und Sehvermögen so alles zu sehen bekäme wäre man mal Gast auf dem Mars oder sogar auf dem Pluto oder Saturn.

Denn ich denke das wir vielleicht als Individuum im Universum sowie auch Flora und Fauna eine Alleinstellung haben aber ein Planet etwa der Erde gleich wird es doch wohl auch geben, nur wo in dieser unendlichen Weite.

Viele kluge Gelehrte haben sich darüber schon den Kopf zerbrochen und stellenweise auch die tollsten Sichtweisen vertreten aber schlüssig hat es bis heute noch keiner Wahrheitsgetreu und Wirklichkeitsnah belegen können.

Mittlerweile verlegt man sich lieber darauf, festzustellen ob auf fernen Gestirnen vielleicht Wasser und andere lebenswichtige Substanzen vorkommen.

Denn das Gespenst der Überbevölkerung der Erde steht ja schon länger im Raume und das die Erde auf längere Sicht nicht mehr genug Ernährung für die ständig wachsende Bevölkerung erbringen kann.

Denn selbst die drakonischen Geburtenregulierungen wie sie in fernöstlichen Ländern schon praktiziert wurden, haben keine sichtbaren Bevölkerung Reduzierungen im gesamten erbracht, denn der Mensch allgemein wird heutzutage fast doppelt so alt wie vor zwei oder drei hundert Jahren.

Ob wohl die damaligen Familien im durchschnitt meist mehr als die doppelte Kopfzahl von Heute aufwiesen, waren die Bevölkerungszahlen im Gesamten doch noch wesentlich niedriger als Heute.

Dieser schon leicht irritierende Zahlenvergleich lässt sich nur mit der Tatsache belegen, dass die Sterblichkeit Weltweit sehr stark nach oben sich verschoben hat, die Zeitspanne hat mittlerweile schon die imaginäre Generationsgrenze also um die zwanzig Jahre erreicht.

Daher ist es vielleicht auch verständlich das insgeheim sehr angestrengt nach einer vielleicht außerirdischen Lösung gesucht wird.

Selbst sehr Utopische Gedanken und Vorstellungen werden ja erstmal Theoretisch durchgespielt wobei die möglichen Siedlungsverlegungen auf andere Gestirne an vorderster Stelle zu stehen scheinen.

Die Möglichkeiten dieses in die Tat irgendwann umzusetzen wird ja nun schon seit einigen Jahren mit der Raumfahrerei wohl getestet und ausgelotet.

Der Eine sieht das größte Problem im fehlen von Wasser, ein anderer im fehlen der gewohnten Erdenschwerkraft oder das es eben die unbedingt nötige Atmosphäre sprich Luft nicht geben wird.

Man kann eigentlich nur hoffen, dass die Gelehrten eher eine machbare Version auf irgendeinem Planeten finden, bevor der Erdball an einem absehbaren Überbevölkerungskollaps zu Grunde geht.

So mancher wird jetzt sagen das ist doch reine Utopie, so etwas wird es doch gar nicht geben doch die Wirklichkeit und die Realität werden uns oder unseren Nachkommen schon bald einholen.

Dann kann man nur antworten, wenn die Gesamtbevölkerung von jetzt rund über achtzig Milliarden Menschen weiterhin so rasant wächst wie in den letzten zweihundert Jahren dann wird es sehr bald sehr eng auf der Erde. An die dann sehr schwierige Ernährungslage möchte man dann schon gar nicht mehr ernsthaft denken.

Selbst wenn man für sogenannte künstliche Ernährung plädieren würde so müssten dafür ja auch erst mal die Grundsubstanzen irgendwoher kommen denn auch die Erdausbeute kommt in absehbarer Zeit an ihre natürlichen Grenzen.

Selbst wenn man durch Technik und Chemie ermöglicht auf Substanzen zurück greift die zur Ernährung heute noch undenkbar ist, aber auch diese Dinge werden ja nicht unendlich vorhanden sein zudem müsste sich auch erst mal erweisen, dass diese Substanzen sich nicht im Raum ungünstig verändern.

Wie man sieht kommt auch bei diesem sehr ernsten Thema die ernste Mathematik wirklich nicht zu kurz und bei einem ernsthaften Menschen auch keine richtige Freude und Lust auf noch viele schöne Jahre auf diesem Erdball auf.

Es ist wohl an der Zeit das man sich im Allgemeinen mit diesem Thema befassen muss denn unsere Nachkommen müssen sonst nicht nur den Gürtel wesentlich enger schnallen auch eine nicht zu unterschätzende Beschaffungskriminalität wird dann gewiss um sich greifen.

Denn ein schon heute beachtlicher Neidfaktor dürfte dann in absehbarer Zeit noch stärker zum tragen kommen.

Denn die Millionen von Menschen die heute schon gefährliche und unkalkulierbare Strapazen auf sich nehmen um in fernen Gefilden ein besseres Leben sich erhoffen und suchen sind auch ein deutliches Zeichen dafür.

Diese großen Wanderbewegungen von ganzen Völkergruppen hat es bekanntlich auch schon in lange vor uns liegender grauer Vorzeit gegeben.

Denn nach dem schon erwähnten großen Vulkanausbruch waren die damaligen Erdenbewohner fast überall auf der Suche nach Ernährung und Wohnmöglichkeiten.

Ob man da an Völkerwanderung wie in der Bibel beschrieben oder die Massenwanderung der Bevölkerung aus den afrikanischen Landen nach Europa in den uralten Zeiten denkt, hat man heute damit verglichen noch eine kleine Völkerwanderung die zumeist aber aus kriegerischen Gründen stattfindet.

Denn selbst der größte Teil, Derer die kleine oder größere Kriege vom Zaun brechen tun dieses ja auch nur um mehr Macht und Geltung zu erhalten und das zeitigt zugleich auch wieder mehr Wohlhaben einiger weniger aber dafür wesentlich mehr Hunger und großes Elend für unzählige Menschen.

Auch wenn es so ist das unzählige Menschen nur noch vor sich hin vegetieren können interessiert das den Renditeorientierten und Erfolgsüchtigen Menschen in keiner Weise.

Viele gravierende Ereignisse und Vorkommnisse nennt man gerne die Geißel der Menschheit, doch es scheint der Mensch ist sich selbst die größte Geißel!

Es ist schon so seit Menschgedenken über viele Hundert Jahre hinweg, dass ein vermeintlich Stärkerer den etwas Schwächeren nur zu seinem eigenen Vorteil missbraucht und ausnützt.

Es ist nur unverständlich wieso eine völlige Vernichtung dann noch einen Nutzen für solch einen Menschen haben kann, oder wird da nur ein ururalter natürlicher Zwang einen etwaigen Konkurrenten für Ernährungskontingente unschädlich zu machen ausgelebt.

Auch um den schon fast unnatürlichen Egoismus als Selbstdarstellung oder anderer schon fast krankhaften Gründe kann und darf nicht der Anlass werden unzähligen Menschen unsägliches Leid anzutun.

Zu dem ist so etwas ja auch unlogisch denn Leute die man umbringt, fehlen später doch als Bauern und Arbeiter und können ja keine vernünftige und gesunde Wirtschaft erschaffen oder aufrechterhalten.

Zudem muss man auch fragen was einem solchen Machthaber ein total entvölkertes Land für ihn einen Sinn gibt, denn wo kein Volk mehr ist brauche ich ja auch keine irgendwie geartete Wirtschaftlichkeit.

Was hat ein Regent eigentlich davon, wenn er unbestritten Herrscher über ein großes Land ist in dem so gut wie keiner mehr wohnt die die Erde bestellen kann.

Wenn man die Bilder der heutigen Vernichtungskriege ansieht versteht man den Sinn eines Krieges überhaupt nicht mehr wo man anmerken könnte und muss hat ein Krieg überhaupt einen Sinn.

War früher die persönliche Bereicherung und stellenweise fast schon perverse Selbstdarstellung noch die Triebfeder für die Regierenden und ausführenden.

Fragt man sich wofür steht der Begriff Krieg eigentlich heute, denn nur für Schrott und Ruinen lohnt es sich doch nicht seine Mitmenschen umzubringen.

Ich befürchte, dass diese Frage wohl auch eine von denen ist, wo es reichlich viele Erklärungen aber auch keine wirklichen befriedigenden Antworten gibt.

Richtung und Maße ?

Unsere Erde teilt sich doch eigentlich in vier Erdteilbereiche, in Nord oder Süd sowie in Ost und West.

Aber sogleich ergibt sich für mich die Frage wo fängt denn eine Himmelsrichtung überhaupt an, jetzt wird wohl jeder sagen das weiß doch jeder denn die Erdkugel ist doch wie man an einem Globus deutlich erkennt mit Linien den Graden aufgeteilt.

Doch diese Linien dienen eigentlich nur zur Orientierung bei Flug und Seefahrt, sie sind schon seit langem für eine Zuordnung zu einem jeweiligen Erdenbereich festgelegt sie sagen aber direkt nichts darüber aus.

Der Nordpol und der Südpol bilden ja bekanntlich die sogenannte Erdachse obwohl wenn man es da ganz genau betrachtet die Erdachse nicht ganz genau die Erdmitte in der senkrechten Darstellung sich ergibt eine beachtenswerte Abweichung ergibt sich da schon.

Europa liegt in ihrem Hauptbereich bei dem Nullmeridian weit oberhalb des Äquators man nennt diesen Teil auch die nördlich westliche Welt.

Die eigentlich wärmsten Regionen liegen bekanntlich ja rund um den Globus wohl im Bereich des Äquators und die Landstriche werden um einiges kühler und kälter je weiter man sich den Polen nach Nord oder auch Süd nähert.

Die Pole oben und unten sind eigentlich klar bezeichnet als Nord und Südpol was normaler Weise auch gleich seit langer Zeit wie selbstverständlich Kälte und Wärme bedeutet, was aber nicht ganz stimmt denn der Südpol hat auch eine beachtliche Eisfläche aufzuweisen.

Richtung Süden macht sich das aber nicht so deutlich bemerkbar da diese Seite der Erdkugel wesentlich weniger Landmasse im gesamten aufweist als der nördliche Teil.

Kommt es auch vielleicht daher, dass ein Kompass mit seiner Nadel immer gen Norden ausschlägt, weil im Norden mehr Land und somit auch mehr Erd Anziehungsmasse ist.

Wenn man etwas logisch überlegt was sollte sonst eigentlich den dafür nötigen Anlass geben, denn ein Pol ob nun Nord oder Süd hat doch wohl selbst wohl keine vermehrte magnetische Kraft als die umliegende Land Massen.

Demnach kann also eigentlich nur die vermehrte Landmasse dem Magnetismus die Wirkung bei einem Kompass ausmachen, die im Norden eben doch etwas größer zu sein scheint.

Im Gegensatz zu diesen seit undenklich langen Zeiten festen Begriffen Süd und Nord, wie sieht es mit den Bezeichnungen West und Ost aus, wo beginnt denn eigentlich die jeweilige Bezeichnung ich meine jetzt nicht die wörtliche Bezeichnung, sondern die wirkliche Grenzen für diese Bezeichnungen.

Denn wenn ich streng immer nur nach Osten gehe, fliege oder fahre komme ich eigentlich im Osten nie an, sondern stehe nach verhältnismäßig überschaubarer Zeit wieder am Ausgangspunkt im sogenannten Westen.

Hier spielen eigentlich wieder nur die festgelegten Gradzahlen eine maßgebliche Rolle.

Von uns aus gesehen liegen Russland und auch etwas weiter Kanada östlich von uns in Mitteleuropa, doch von Kanada aus gesehen liegen Russland dann westlich und Mitteleuropa dann wiederum östlich.

Diese Sichtweise ist schon etwas irritierend denn das gleiche würde einem ja auch passieren, wenn man die gleiche Strecke in westlicher Richtung zurück legen würde ich erreiche nach gewisser Zeit meinen Ausgangspunkt wieder.

Eine kleine Erkenntnis könnte diese Fragen dann eigentlich überflüssig machen denn der jeweilige persönliche momentane Standort gibt eigentlich die Richtungsangabe vor, rechts bleibt eben auch rechts auch wenn sich die Richtung West oder Süd durch meine Körperdrehung verändert.

Somit stellt sich aber doch hier die grundsätzliche Frage wo beginnt und wo endet die Angabe der Himmelsrichtung, von West nach Ost und ebenso umgekehrt.

Man könnte natürlich diese fast ketzerische Frage auch bei Nord und Süd stellen, wobei diese beiden Punkte sich schon etwas klarer durch ihre landschaftliche und frostige Beschaffenheit darstellen.

Man kommt eigentlich nicht umhin als diese Richtungen und Angaben mit den einzelnen Ländern, Landschaften und Beschaffenheit und Grad angaben direkt zu verbinden.

Auch könnte man die Frage aufwerfen wer hat denn wann diese Richtungsangaben so festgelegt ist dieses nun irgendwann einmal vor unendlich langer Zeit willkürlich oder mit gravierenden Begründungen geschehen.

Es ist wirklich schon verblüffend was einige kluge Köpfe mit den einfachsten Mitteln vor unendlich langer Zeit schon nur durch Beobachtungen und Berechnungen unwiderlegbar herausgefunden haben.

Hat ein alter Germane oder Gote damals schon die Begriffe von den besagten Himmelsrichtungen genutzt oder hat er nur nach den offensichtlichen Begriffen der Sonne zu oder abgewandt gedacht und gehandelt.

Von der Erde aus gesehen ist der Himmel für uns doch stets oben, man müsste annehmen es gibt gar kein unten am Himmel, doch das wäre ja weit gefehlt, das weiß man nun mittlerweile schon.

Aber haben sie schon einmal von jemandem gehört, dass er nach unten zum Himmel schaut oder ein Astronaut sogar nach unten im Weltall reisen würde.

Man sagt auch schon mal so leicht hin ein bestimmter Ort und Flecken auf unserer Erde liegt auf der Rückseite der Erde, doch wieso denn, denn wenn ich an diesem besagten Ort dann wäre, wäre dann mein jetziger Standort von dem ich ausgegangen bin dann eben auch auf der Rückseite von mir und der Erde.

Also wenn man in Europa nach oben in den Himmel schaut würde man im Rücken von Europa im Australischen Bereichen praktisch ja nach unten in den Himmel schauen, doch dem ist nun mal nicht so.

Hier könnte man sagen das ist doch eigentlich einfach zu erklären immer da wo man sich befindet ist der Himmel oben da bei einer Kugel dieser obere Fixpunkt immer über dem Ausgangspunkt ist und sich somit alles an diesem Punkt und von diesem aus orientiert.

Wenn man so will ist dieses Phänomen genau zu erklären ganz schön schwierig, aber alles was auf der Erde und im Himmel schwer zu erklären ist, geht in menschlichen Überlegungen dann ganz schnell in mystische Deutung über.

Ist das denn wirklich so?

Wenn schon bei der doch überschaubaren Erdkugel solche Deutungen recht schwierig werden, wie soll es denn dann im Universum sein, von dem so gut wie keiner eine genaue Übersicht von Ausmaß und vor allem Größe hat.

Gibt es in der Stratosphäre überhaupt auch die Begriffe rechts oder links, oben oder unten westlich oder östlich und so weiter, welche Angaben muss ein Raumfahrer benützen um einem Außenstehenden seine jeweilige genaue Position so zu vermitteln.

Gibt es da gesicherte Entfernungsangaben oder muss das alles was mit unserem Himmel zutun hat als etwa geschätzt oder unter Vermutlich abgehakt werden.

Oder unterliegen diese Angaben im Raum den Werten einer Radiowellenlänge Bemessung, aber wie lang ist denn dann die wirkliche Entfernung.

Von unserer Erde aus gesehen ist der Mond praktisch vorne, also uns etwas näher als andere Himmelskörper, aber ist er im Raum wirklich vorne und wo bitte sehr ist dann hinten, wer oder was ist denn dann dahinter zu finden.

Es ist schon frappierend mit welchen Daten und Detailangaben in der jetzigen Zeit versucht wird, dem normalen Erdenbürger etwas über das Geschehen an unserem Himmel zu erläutern und verständlich zu machen.

Dieses ist deshalb so schwierig, weil man keinen direkten Vergleichspunkt also Fixpunkt außer der Sonne hat, an dem man sich nach menschlich normalem Wissenstand orientieren kann. Denn an unserem Himmel gelten tatsächlich Geschwindigkeiten und Entfernungen die man sich nicht vorstellen kann, weil eben der direkte Vergleich fehlt.

Wie soll man sich vorstellen, wenn Leoniden also normal Sternschnuppen genannt, mit rund vierzig Kilometer in der Sekunde auf die Erde sich zu bewegt.

Aber die Erde sich mit dreißig Kilometer mit ihrer Atmosphäre ebenfalls in der Sekunde ihnen direkt entgegen bewegt, heißt also sie treffen praktisch mit siebzig Kilometer in der Sekunde aufeinander.

Bei einer Geschwindigkeit eines Kometen von Zweihundertzweiundfünfzig tausend Kilometer in der Stunde wird unsere Luft dabei dermaßen komprimiert das einige Tausend Grad Wärme entstehen und das verglühen der meisten Meteoriten dann hervorruft.

Wer jetzt denkt das alles am Firmament und rund um unsere Erde herum in einer exakten Kreisbahn sich dreht und bewegt, sieht sich getäuscht denn fast alles Geschehen um uns herum hat mehr eine Ovale um nicht zu sagen eirunde Laufbahn und doch stets einen exakten Ablauf.

Selbst gestandene Hobbyastronomen die sich intensiv mit unserem Himmelsumfeld befassen verschlägt es immer wieder die Sprache, wenn wieder mal etwas Neues am Firmament überraschend entdeckt wird.

So kann man sich auch kaum vorstellen das es eine immens große Nebengalaxie in der Nachbarmilchstraße mit über Fünfhundert Milliarden Sonnen zu der unsrigen Galaxie geben soll, das man als das für uns das entferntest gelegene System bezeichnet, das man aber anscheinend sogar noch schwach mit bloßen Augen sehen können soll.

Unsere Sonne ist für die Erde der gewisse Fixpunkt, doch es stellt sich die Frage sind Sonne und Erdenbereiche nun auch Mittelpunkt im Weltraum, oder liegt unsere Weltraum Position nur am Rande eines unfassbar großen Weltraumbereiches, denn die mittlerweile Bekannten Sterne und Sonnen verteilen sich praktisch wiederrum rund um uns herum.

Noch etwas Irritierendes sei hier mal angemerkt, die Namensgebung für den uns umgebenden Raum und seine anderen Gestirne insgeheim muss man fragen wieso dabei so viele Fantasienamen mit denen kein normale gebildeter Mensch etwas anfangen kann genutzt werden.

Manch ein Gestirn wird verständlicher weise auch mit dem Namen des Entdeckers versehen aber es gibt eine unglaublich große Anzahl die nur irgendwelche unverständliche Kürzel an Zahlen und Buchstaben als ihren Namen dann führen.

Wobei festzustellen ist das unser Zentralgestirn kaum eine Namensänderung im Laufe der Zeit hinnehmen musste, wobei wohl die Sonne ganz früher einmal mit Helios wohl bezeichnet wurde. Je nach der Sprachfärbung ändern sich vielleicht die einzelnen Bezeichnungen der Gestirne etwas aber die Sinnbezeichnung bleibt praktisch stets gleich.

Was man aber von einem Raum nicht unbedingt sagen kann denn die Bezeichnung Raum bedeutet doch, dass man im Eigentlichen einen begrenzten und in sich geschlossen Bereich vorzufinden glaubt.

Doch im All, Weltraum, Orbit, Universum, Atmosphäre, Stratosphäre, Hemisphäre und noch einige andere Bezeichnungen lassen sich da finden die aber im Grunde fast immer das gleiche bedeuten doch es ist bis Dato keine Begrenzung im Raum bekannt.

Würden denn zum Beispiel alle Planeten und Sterne praktisch vom Himmel fallen, wenn plötzlich die jeweilige Schwerkraft und der Magnetismus aussetzen würde oder welche Begebenheiten würden sich dann einstellen.

Doch wohin fallen sie dann oder macht sich dann der Umstand bemerkbar, dass es im Raum vielleicht gar kein oben und unten gibt, wohin fällt oder entschwindet denn dann die Materie im Weltraum.

Für so manchen Wissenschafter mögen alle diese Fragen im eigentlichen keine Fragen mehr zu sein die man daher auch vernachlässigen kann.

Man befasst sich daher lieber mit vermeintlich Wichtigerem doch wenn man Verständnis erwartet sollte man auch die nötige verständliche Aufklärung nicht zu kurz kommen lassen denn Fachbegriffe sind eben auch nur für Fachleute verständlich.

Doch man sollte doch auch Mal die Richtigkeit überprüfen denn die unter Umständen benutzten Begriffe, Ansichten und Benennungen und damit verbundenen Normen wurden zum Teil schon vor unendlichen Zeiten erstellt, man benutzt sie vielleicht auch nur aus Gewohnheit.

Würden diese Benennungen aber auch heute noch ihre Gültigkeit nach einer Prüfung mit den heutigen Möglichkeiten bestand haben.

Denn es ist wohl auch anzunehmen, dass auch die sogenannten Naturgesetze sich irgendwann doch wandeln können, wenn sich schon alles für Ewigkeiten gedachte Andere auf und um die Erde herum sich bereits doch auch schon zum Teil geändert hat.

Durch den technischen Fortschritt und Möglichkeit ließe sich doch gewiss manche vage Bezeichnung und so mancher Begriff genauer erklären als es unseren Gelehrten vor vielen Jahren möglich war.

Anscheinend gibt man sich mit den alten überlieferten Fakten soweit und solange zufrieden bis dann doch mal eine fast alles auf den Kopf stellende Erkenntnis eine Revision der alten Aussagen nötig macht.

Außerirdisch Leben?

Würde eine Besiedelung eines außerirdischen Gestirns wirklich einmal möglich sein und werden, doch mit der Schwerelosigkeit hat es da ja noch ungeahnte Schwierigkeiten aber auch Möglichkeiten.

Wenn man sich mit dem Gedanken auf einem anderen Gestirn zu leben etwas intensiver befasst kommen vor allem in den Alltagsfragen und Tätigkeiten doch eine Unmenge von Fragen auf über die sich heute überhaupt oder kaum keiner richtig Gedanken macht.

Kleines Beispiel, machen sie mal ein Spiegelei ohne Schwerkraft, das kann eine nicht ganz so lustige Angelegenheit werden, wenn das Ei nicht wie gewohnt in die Pfanne gleitet, sondern zur Decke oder irgendwohin strebt, solche und noch viele andere gar nicht bedachte alltägliche Dinge würden dann auf sie zu kommen.

Denn die Schwerelosigkeit würde sich bei allen Utensilien und gewohnten Dingen stellenweise recht unangenehm bemerkbar machen auch auf den menschlichen Körper .hätte der längere Aufenthalt in der Schwerelosigkeit viele auch noch zum Teil unbekannte gesundheitliche Probleme denn die Knochenstruktur und Muskulatur würde unter der nicht Belastung auf Dauer größeren Schaden nehmen.

Selbst so einfache Angelegenheiten wie Duschen und sich Wasser am Körper entlang fließen zu lassen bringt man nur mit einer ganz besonderen Vorrichtung aber auch nur zum Teil fertig.

Denn das austretende Wasser muss unmittelbar sofort wieder aufgefangen besser gesagt sofort wieder eingesaugt werden um nicht als wilde Tropfen in der gesamten Umgebung herum zu vagabundieren und zu kreisen.

Wenn man einen Planeten oder Stern als doppelt oder mehrfach gewichtiger als die Erde bezeichnet wie kommt man denn an diese Angabe.

Wenn im All doch die Schwerelosigkeit vorherrscht ist dieses dann nicht nur eine Masse Berechnung um nicht zu sagen wieder nur eine Annahme.

Wie viel Gewicht hätte denn dann ein Kilogramm Mehl oder Kartoffeln, wenn die Schwerelosigkeit sie praktisch doch Gewichtlos macht oder gibt es im Weltall gar keine Gewichtung.

Muss man dann vielleicht wieder zu einer uralten Mengenfeststellung zurück gehen wie Fuder, Schöpfer oder Eimer und so weiter!

Auf sehr viele Problemchen des Alltags gäbe es schon irgendwelche vielleicht auch noch nicht ganz ausgereifte Lösungen aber es müsste auch noch sehr viel erst einmal entdeckt werden.

Doch auch die alltäglichen Problemchen und schon lange gehegte und gepflegte fast schon unbedachte Tätigkeiten könnten zu einem unlösbaren Problem werden.

Mit und bei jedem neuen Raumflug werden ja neue Erkenntnisse gewonnen und meistens auch Lösungen gefunden die aber nicht unbedingt auch in der Masse praktikabel zu sein scheinen, also noch lange nicht alltagstauglich sind.

Auch hier stellen sich noch eine Unzahl Fragen ein, kann man vielleicht in geschlossenen Räumen außer in Laboratorien die Schwerkraft künstlich erzeugen wie heute auch schon die Schwerelosigkeit.

Und wie wirkt sich dann der laufende Wechsel zwischen draußen herrschender Schwerelosigkeit und drinnen der künstlichen erzeugten Schwerkraft, oder auch umgekehrt auf den menschlichen Körper und Organismus aus lässt sich so etwas für die Dauer trainieren.

Selbst bei darauf trainierten Raumfahrern hat man schon festgestellt das nur ständiges sportliches betätigen den Muskelschwund aufhalten kann.

Wie aber soll ein Siedler auf einem anderen Planet für seine eigenständige Ernährung unter solchen Vorzeichen sorgen können und was ist in anderen Hemisphären an richtiger Ernährung unbedingt erforderlich.

Da kursieren schon länger die abenteuerlichsten Vorschläge so wie die extrem großflächigen Überdachungen und Klimazelte.

Hier könnte man geneigt sein, man probt dieses insgeheim wohl schon mal auf der Erde aus denn es gibt ja schon auf Quadratkilometer ausgedehnte Gewächshäuser in diversen südlichen Landschaften.

Mit solchen Zelten würde man ja vielleicht noch zu recht kommen aber lässt sich auch eine wasserähnliche Flüssigkeit vor Ort in großen Mengen herstellen.

Wäre das dann ohne von der Erde eingebrachte Chemie eventuell möglich.

Doch unsere Chemie und den Kunststoff auf einen anderen Planten transportieren würde ich voll und ganz ablehnen, sonst hätte man ja dort schnell die gleichen katastrophalen Zustände wie Heute schon auf der Erde.

Ich könnte mir das, eine Besiedlung nur vorstellen, wenn der Boden dort zu kultivieren wäre und die dazu gehörigen Komponenten alle auf dem gastgebenden Planeten vorzufinden wären doch dann würde ja wohl vielleicht auch schon Wasser dort zu finden sein.

Es gibt gewiss auch einige Abenteurer die sich so ein heute noch kaum vorstellbares Leben unter solchen großen Plastikkuppeln und solchen Problemen und damit verbundenen Einschränkungen und Einsparungen vorstellen könnten.

Aber mal ganz ehrlich würden sie ihrer Familie und ihren Kindern solch eine Lebensart zumuten. Hier spricht man dann praktisch von einer nicht wieder Rückgängig zu machende Entscheidung.

Denn man kann ja nicht mal eben das Experiment wieder abbrechen, weil man sich das am Ende vielleicht anders vorgestellt hat, oder die bis dahin unbekannten Probleme werden einem zu viel oder auch unlösbar.

Insgeheim kann man nur hoffen das solche Zukunftsgedanken niemals Wirklichkeit werden müssen, dann doch lieber hier auf unserer Erde den Gürtel etwas enger schnallen und wirklich auf alles was schädlich erscheint sein lässt, auch wenn dazu eventuell auch unangenehmer Druck von den Regierungen ausgeübt werden muss.

Denn man müsste sonst quasi wie unsere Urvorfahren wieder ganz von vorne mit dem Ackerbau und anderen lebensnotwendigen Tätigkeiten anfangen

Also würde es doch eigentlich auch einen Rückschritt auf den Status Null bedeuten.

Doch wer würde schon gerne wie unsere Urureltern wieder mit primitiven Mitteln sein Lebensnotwendiges erarbeiten.

Licht und Wärme.

Noch eine Frage für die ich noch keine befriedigende Antwort gefunden habe, viele der Erdtrabanten und ferne Gestirne haben auch einen glühenden Kern, so ähnlich wie unsere Sonne und unsere Erde mal wesentlich stärker oder auch etwas schwächer.

Aber wie, was und wer hat diese Glut entfacht, die ja in einer Unvorstellbaren Stärke im Kern im Inneren unser Erde wirkt, was bei unserer Sonne ja noch unzählige Male stärker deutlich zusehen ist.

Wird diese Glut durch diverse Gase entfacht, so als Selbstauslöser was man ja vom Chemieunterricht kennt, das Diverse zurzeit vielleicht bekannte oder noch unbekannte Komponenten, wenn sie unkontrolliert aufeinander treffen eine zündende Wirkung haben können.

Aber wenn man etwas verbrennt bleibt doch auch Asche oder andere Rückstände zurück, wird diese dann auch bei den diversen Eruptionen von Vulkanen ausgespuckt, oder ist der Ausstoß von glühendem Gestein nur eine Laune der Natur wobei stets anscheinend die dünneren Erdschichten und Falten dazu benutzt werden.

Diesem Geheimnis sind die Forscher im laufe der Jahre ja schon ziemlich nahegekommen, man kann mittlerweile schon einiges erklären.

Doch die erschöpfende Antwort auf die Frage nach der Ursache wodurch entsteht eine solche Hitze das Gestein flüssig werden lässt steht ja wohl auch noch heute aus. Denn dazu benötigt man ja Temperaturen die selbst in unserer heutigen technischen Zeit und Ausrüstung nur mit größten Aufwand möglich ist.

Wenn man das Phänomen der Sonne einmal betrachtet stellt man fest das die Korona mit tausenden Kilometer Abstand zur Sonne sich befindet, diese umgebende heiße Aura aber um ein vielfaches heißer ist als der Korpus der Sonne selbst, woher kommt denn diese immense Hitze wenn kein direkter Kontakt besteht.

Wäre später denn wohl einmal damit zurechnen das der Erde der nötige Brennstoff für solch eine gigantische Energieleistung in ihrem Inneren ausgeht, aber ich glaube damit ist nach menschlichem Maßstabdenken so schnell nicht zu rechnen.

Was passiert wenn auch nur eine dazu gehörige Komponente schwach wird und nicht mehr in benötigten Mengen da ist, wiederum weiß man ja aus Erfahrung das Verbrennungen von egal welchem Material auch ein gewisser natürlicher Schwund und Abbau dieser brennbaren Dinge mit einhergeht.

Eine solch hohe Temperatur verbraucht doch auch Unmengen an Energie und Grundmaterial in Form von Gasen und Mineralien.

Von der Logik aus gesehen müsste unsere Erde somit unentwegt schrumpfen, aber dem ist anscheinend nicht so, aber was verbrennt denn dann in unserer Erde und erneuert sich unentwegt.

Bekannter Weise reduziert sich doch jede Materie durch verbrennen, wenn dann noch reichlich Ausscheidungen vorkommen dann müsste doch auch eine beachtlich Verringerung nach jeder Eruption der Außenhaut feststellbar sein.

Wenn man so zum Vergleich an einen wild überkochenden Kochtopf denkt weiß man, dass dieser nach einer gewissen Zeit auch fast gänzlich bis auf das verbrannte Gut leer ist.

Dem ist aber bei unserer Erde und der Sonne anscheinend wirklich nicht so, doch woher kommt denn dann nun die große Menge der ausgespuckte Materie wird der Planet im Inneren immer hohler und der Erdmantel damit immer dünner.

Diese Frage stellt sich doch auch erst recht bei der Sonne, die ja einen noch immens höheren Energieaufwand betreibt und das nun schon über mehrere Millionen von Jahren, würde man da irgendwann mal mit einem beachtlichen Materialschwund durch die Eruptionen und das Verglühen zu rechnen haben.

Doch was würde denn mit der Menschheit und der Erde geschehen, wenn dieser Fall einmal eintreten würde, würde die gute alte Erde in der weiteren Folge dann komplett erkalten und damit dann eventuell unbewohnbar, so wie eventuell der Mond oder Mars.

Einige würden solche Überlegungen zu gerne in den Bereich von einer Endzeitstimmung verdrängen, aber man sollte eine Frage auch mal bis zu einem konkreten Ende durchdenken.

Es bestätigt sich aber auch, man ist also nie zu Alt um noch Fragen zu haben es ist also auch kein Makel im Alter noch einige noch nie gestellte oder aber unbefriedigend beantworteten Fragen nochmals zu stellen.

Es gibt da noch unzählige Fragen die schon seit vielen Generationen auf eine belastbare und bestätigte Antwort warten, für Vieles gibt es schon Erklärungen, aber wohl kaum Eine die einer kritischen Prüfung dann vielleicht auch wirklich dann standhalten würde.

Damit stellt sich doch auch gleich wieder die Frage, braucht der Globus, die Vegetation und der Mensch diese innere Glut eigentlich unbedingt zu seiner Existenz.

Oder würde die Wärme der Sonne alleine ausreichen ein weiteres Leben auf der Erde zu ermöglichen, denn wenn die innere Wärme fehlen würde wie kalt würde es denn dann auf der Erde werden.

Ist somit die innere Wärme der Erdkugel genauso Lebenswichtig wie die Sonneneinstrahlung denn ohne Sonne geht ja nichts auf der Erde das ist wohl unbestritten.

Würde sich auf Dauer der erkaltete Erdkern genauso negativ heraus stellen wie bei anderen Planeten etwa wie bei dem Mond oder auch dem Mars.

Kommt an dieser Stelle der Begriff der Unendlichkeit in Form von Entfernung und Zeit wirklich als ein einheitlicher Faktor zusammen oder ist Beides nicht mit einander kompatibel und nur eine Definition zweierlei Dinge aber mit gleichem Begriffswort versehen sind.

Wenn man bei solchen Überlegungen dann noch die ungeheure lange Zeit in Betracht zieht, die diese glühenden Masseklumpen wie Sonne und Erde schon Wärme und Licht verströmen.

Dann kommt man auch dem Begriff des Perpetuum Mobile doch ganz schnell nahe denn auch bei diesem Phänomen, unter diesem Aspekt stellt man sich unwillkürlich die Frage was treibt denn ein solches Mobile eigentlich an.

Unendlich sagt doch eigentlich das ein Etwas kein Ende hat, aber wo ein Anfang ist, müsste es doch auch ein Ende geben doch dieses finden ist anscheinend nicht überall möglich, oder reicht unsere Wahrnehmung dazu nicht aus.

Liegt es eben aus dem gleichen Grund auch daran, dass wir Menschen auch Heute noch für manche reale und irreale Dinge und Begriffe keine klare und verständliche Erklärung haben und finden.

Das Erbe der Menschheit!

Es gibt für die Menschheit vieles was man von den Eltern automatisch mit auf den Lebensweg bekommt aber auch unendlich vieles muss erst jedes Mal von jeden neuen Erdenbürger neu erlernt werden.

Darunter befinden sich erstaunlicher Weise auch ganz normale natürliche Veranlagungen die eigentlich fast selbstverständlich vorhanden sein sollten aber eben nicht sind.

Es kommt doch immer wieder vor das blitzgescheite und hochintelligente Personen ganz normal begabte Kinder haben, aber auch umgekehrt kommt das immer wieder vor man kann eigentlich keine Intelligenz vererben, man kann eben nur hoffen das kein zu großes Minus in dieser Sache offensichtlich wird.

Also gibt es somit auch keine Garantie das Intelligenz vererbbar ist was so mancher Erdenbürger aber nicht unbedingt wahrhaben möchte und an der Intelligenz seines Kindes ob hoch oder niedrig schier verzweifeln lässt, weil die Vorstellung und Erwartungen eines Elternteils eben nur von sich selbst ausgehen.

Jetzt aber zu vermuten dass jedes Kind kurz nach der Geburt gleich klug oder dumm ist würde im Vergleich gleich eines Besseren belehrt werden, auch im kleinsten Säuglingsalter gibt es auch schon gewisse unterschiedliche auch abweichende aber trotzdem ganz natürliche Verhaltensformen.

Das vermeintliche Vererben von Intelligenz findet, wenn überhaupt erst einige Zeit später statt, denn die Entwicklung des Gehirns braucht eben seine Zeit, wie das Wort ja schon aussagt, es muss sich erst einmal entwickeln um dann eventuell auch dann überdurchschnittliche Leistungen erbringen zu können.

Man kann also in dieser Richtung keineswegs von einer natürlichen Selbstverständlichkeit ausgehen, denn auch eine Gehirnmasse entwickelt sich erst mit der Zeit und durch entsprechende Betätigungen.

Und dabei spielt nicht unbedingt die Intelligenz der Eltern die maßgebliche Rolle, denn das vorhandene Wissen und besonders ein spezielles Können wird ja nur mit der Zeit weitergegeben ob es aber dann auch entsprechend aufgenommen werden kann oder wird kann man nur hoffen da gibt es keine Garantie.

Denn man muss bedenken, dass großes Wissen und Können ja irgendwann auch erst erworben worden ist und es eben keinerlei Sicherheit für eine gelungene Weitergabe geben kann.

Um es einmal bildlich auszudrücken, nicht jedes Saatkorn das man aussäht erbringt am Ende dann auch die erwartete Ernte mit sich.

Dieses vielleicht ernüchternde Resümee kann man in sehr vielen überlieferten und wahren Geschichten sehen, wo äußerst geniale Erfinder und Geschäftsleute genau genommen nur Solitäre waren und die Nachkommen es dann doch an Genialität und gedanklichem Esprit haben fehlen lassen um etwas glorreich Begonnenes weiter zu führen

Bekanntlich lernt der Mensch ja eigentlich nie aus, doch ist auch nicht jeder bereit sein Leben lang dann immer noch dazu zulernen, was eigentlich schade ist denn so manches können diese indirekten Verweigerer dann auch nicht verstehen und somit auch manches was um sie herum vorgeht nicht richtig wahrnehmen.

Somit sind wir wieder im Bereich wo die Zeit eine ganz gravierende Position einnimmt, der Volksmund meint ja auch kommt Zeit, kommt auch Rat, doch nicht immer im positiven Sinne.

Wenn man dabei auch mal bedenkt das kein Mensch, noch nicht einmal ein überintelligenter sein Gehirn gänzlich in seinem Leben benutzt dann könnte man sich fragen wozu hat man denn dann die Masse an Gehirn, wenn man sie nie völlig benötigt.

Auf diese einfache Frage können ihnen selbst die ganz großen Fachleute auf diesem Gebiet keine endgültige Antwort geben, denn auch sie verlieren sich dann doch sehr schnell in nicht bewiesene Mutmaßungen.

Es bleibt ihnen als Eltern oder die die es irgendwann noch werden wollen nichts anderes übrig als darauf zu hoffen das der Nachwuchs so viel wie möglich an Hirnmasse zu gebrauchen versucht, auch wenn es nicht unbedingt in die vorgegebene und gewünschte Richtung gehen sollte.

Dieses ist zwar immer der Wunsch der Eltern aber die Natur hat für viele manches Mal überraschend gänzlich andere noch ungeahnte Möglichkeiten parat.

Es zeigt sich hier ganz eindeutig die Intelligenz und geistiges Denkvermögen lässt sich praktisch nicht vererben, aber mit etwas Geduld und Zeit die gemachten Erfahrungen vielleicht weitergeben.

Das gleiche gilt ja auch bei handwerklichen Fähigkeiten und tritt hier dann besonders deutlich hervor ein Kind von einem fast genialen Handwerker kann später ganz gravierend die besagten linken Hände haben, was dem gestandenen Handwerker fast den Verstand zu rauben scheint.

Heut zu Tage ist das vielleicht nicht mehr ganz so gravierend aber noch vor über rund Hundert Jahren war das schon Existenz bedrohend für die ganze Familie, wenn der Nachwuchs so aus der Reihe schlägt.

Vielleicht wird es vielleicht irgendwann einmal möglich sein Intelligenz zu vererben, doch dazu wird es noch viel Zeit brauchen, denn die Entwicklung der Menschheit ist ja anscheinend noch lange nicht abgeschlossen.

Es hat aber doch auch schon eine unendlich lange Zeit bis heute gedauert, vielleicht ist es auch gut, dass die Entwicklung voraussichtlich so schnell nicht fertig und als abgeschlossen angesehen werden kann.

Was aber indirekt vererbt wird ist wohl der Neid, denn man möchte doch unbedingt haben was ein anderer schon länger zu haben scheint.

Die Missgunst kann man schon bei den Kleinkindern ganz deutlich ausmachen, denn fast jedes Kind möchte das Spielzeug eines anderen haben, obwohl es doch schon über das gleiche verfügt.

Dieses Haben wollen ist auch noch in den vielen dann nachfolgenden Jahren in unterschiedlicher Stärke immer wieder feststellbar.

Wobei dann aber auch die Herkunft und Vererbung eines jeden einzelnen eine nicht unmaßgebliche Rolle spielen kann denn gewisse Veranlagungen in der Familie treten früher oder später wieder in Erscheinung.

Auch wenn man seine Vorfahren vielleicht nur über drei oder einige Generationen mehr zurückverfolgen kann, muss man doch eins in Betracht ziehen, auch dieser im Moment letzter namentlich bekannter Verwandter hat in jedem Falle auch noch eine eventuelle unendlich lange Liste an Vorfahren gehabt.

Denn nur durch die natürliche Fortpflanzung ergibt sich eine Mal mehr oder weniger verzweigte Sippschaftslinie die unter Umständen viele fremde Einflüsse aufzeigen kann.

Denn die wenigsten Menschen können eine längere Ahnenreihe vorweisen die weit über zehn Generationen nachweisbar ist, obwohl ja vorhanden sein müsste, aber man hat eben in der Vergangenheit versäumt es entsprechend schriftlich festzuhalten.

Als eine Generation wird eine Zeitspanne über runde fünfundzwanzig Jahren bezeichnet, die Staffelung lautet im normalen Sprachgebrauch dann Uropa, Opa ‚Vater und Kind, wobei der Uropa dann in jedem Falle schon über die Achtzig in der vierten Generation erreicht haben dürfte.

Nur in wenigen Familien und Sippschaften kann man dann doch wesentlich länger den Werdegang einer Sippschaft nachvollziehen und vor allem auch belegen. Denn noch vor gar nicht langer Zeit wurden normal sterbliche Personen nur mit dem Rufnamen, dem persönliche Vornamen angesprochen, ganz selten wurde zur Erkennung noch eine Berufsbezeichnung oder auch örtlicher Herkunftsort hinzugefügt.

Erst in den achtzehn hunderter Jahren wurde die amtliche Führung eines Familiennamen dokumentiert.

Dieser Nachweis ist aber besonders bei adeligen Personen und Familien wesentlich länger nachzuvollziehen, da hier die Herkunftsangaben schon von Anbeginn an mitgeführt wurden.

Eine genealogische Familienforschung kann schon recht spannend sein, denn man weiß ja vorher nicht genau was am Ende für Überraschungen und Erkenntnisse innerhalb der Familiengeschichte dabei herauskommen können.

Denn wenn man so rund fünfzehn Generationen, also um die über dreihundert Jahre zurückschauen kann, kommt so manches auf, von dem man bislang noch gar keine Ahnung hatte.

Welche persönlichen oder auch landschaftlichen Einflüsse sich da auf Dauer gefestigt haben oder aber total in Vergessenheit geraten sind und ob es vielleicht auch fremdländische Vererbung gegeben hat.

Wer noch nicht eine langfristige Nachforschung gemacht hat kann auch nicht behaupten keine Ausländischen und fremde Familieneinflüsse gehabt zu haben.

Denn in den vielen Jahrhunderten und den unzähligen Kriegen mit Vertreibungen und auch durch normale Völkerwanderungen sind diverse Vermischungen der verschiedenen Bevölkerungen geschehen.

Ja man muss sogar Konstatieren das in sehr lange vor uns liegender Zeit die europäische Bevölkerung durch Wanderungsbewegungen der Urbevölkerung in mehreren Etappen sehr stark von dem sogenannten schwarzen Kontinent aus entstanden ist.

Es kann sich praktisch kein Europäer davon frei sprechen keine Abstammung von diesen Einwanderern und der Urzeit der Erde und Menschheit zu haben.

Wobei man auch damals in frühen Urzeitlichen Bereichen schon wegen der mangelnden Ernährung auf dem afrikanischen Kontinent als den eigentlichen Grund der Wanderung ansehen musste.

Man kannte ja zu der damaligen noch keine geregelte Feldbestellung, man lebte damals zum Hauptteil noch von der erfolgreichen Jagd somit zog man stets dem Wild und der Ernährung hinterher.

Wobei die Meere dann eine ganz natürliche Grenze für die meisten Nomaden in der zufällig vorgefundenen unbekannten Landschaft darstellte.

Wobei dann auch noch zwischenzeitliche Einflüsse von Asiatischem und Arabischem Geblüt nicht Hundert Prozentisch auszuschließen sind.

Also ist eigentlich so gesehen die gesamte europäische Völkerrasse doch auch eine Mischvolkrasse und zudem noch eine der jüngeren Bewohnergruppe dieser Erde.

Wobei die Urureltern in grauer Vorzeit eben auch aus dieser Ausländischen Menschengruppe abstammend sein konnten, was ja mittlerweile durch die Genforschung fast schon eindeutig festgestellt wurde.

Wie es auch sein mag, ein alter Spruch sagt es schon überdeutlich:

Ehre und Gedenke deiner Väter und Ahnen,
denn ohne Sie gäbe es dich nicht!

Wenn man die zur Zeit geltende und aufgezeigte Missachtung anderen Personen und Nationen gegenüber sieht muss man sich doch ernsthaft fragen woher es kommt es, dass man seiner eventuellen eigenen Herkunft auch wenn sie sehr lange zurück liegen mag nicht gut gesonnen ist.

Liegt das an einer gewissen Unkenntnis oder an einer übertriebenen Ignoranz anderen Personen gegenüber, oder ist das auch mit großer Dummheit zu bezeichnen.

Wie dem auch sei Reibereien gibt es auch unter Brüdern, aber muss ich deswegen jemandem seine Daseinsberechtigung gänzlich in Frage stellen und in aller Öffentlichkeit ihm eine Missachtung zeigen und Ihn dann wie ein wildes Tier regelrecht zu jagen.

Die Bedeutung der Atmosphäre für uns.

Der Erdball wird bildlich gesprochen von einer recht dicken Schicht für uns Menschen unentbehrlicher Luft umgeben diese lebenswichtige Komponente ist neben der Sonne und dem Wasser das dritte lebenswichtige Elixier für den Menschen.

Dieses Sauerstoffgemisch das unsere Erde umgibt ist aber hoch empfindlich gegen jede Art einer Verunreinigung, besonders giftige Gase können diese wichtige Substanz sehr schnell zum Kolabieren bringen.

Unter dieser Prämisse kann man sich nur Wundern das sehr viele Menschen und Orte mit einer Fabrikation von angeblich lebenswichtigen Stoffen fast wie selbstverständlich unentwegt unsere Atmosphäre regelrecht mit den unmöglichsten Dingen vergewaltigen.

Wenn man in diesem Sinne mal in die asiatischen Erdbereiche schaut, wo der Smog sogar das Sonnenlicht verdunkelt und dazu braucht man schon wesentlich mehr als ein wenig Staub und Gifte, kann man nur hoffen dass so etwas in der Intensität bei uns in Europa nicht vorkommen wird, obwohl wir immer öfter und in kürzeren Abständen in die brisanten Bereiche der gefährlichen Luftverschmutzung kommen.

Aber was wäre denn, wenn so eine Smogdichte sich dann irgendwann einmal rund um den ganzen Erdball sich bildet, würde dann unser letztes Stündchen schlagen oder würden dann überall nur noch stark vermummte Leute zusehen sein.

Doch auch bei dem noch so wichtigen Luftschutz Bedürfnis kommen viele Unternehmen und Regierungen nicht auf die Idee ihr verhalten grundsätzlich zu ändern, denn dieser Smog ist eindeutig von Menschen gemacht.

Also müsste diese Verhältnismäßig dünne lebenswichtige Luftschicht eigentlich in höchstem Maße Bestandschutz genießen, weil sie für Alle äußerst Lebenswichtig ist, doch davon sind wir wohl Meilenweit entfernt.

Auch hier stellt sich aber doch auch die Frage wie und womit erneuert und repariert sich die für uns so wichtige Luft und wieso hört sie nach vielen Tausend Metern Dicke komplett auf, was hält sie wie ein Mantel um die Erdkugel an ihrer Stelle.

Schon unter rund vierhundert Kilometer Entfernung kann man ohne Atemgerät nicht Leben, bedenkt man das Ausmaß des Universums dann ist diese Entfernung ja nur ein Katzensprung von der Erde aus.

Wurde die uns umgebende Atmosphäre sogar irgendwann vor unendlichen Zeiten von der Erde selbst erstellt, vielleicht doch durch unsere Flora oder woher kommt diese für uns so wichtige und selbstverständliche Luft die von vielen gewissenlosen Leuten unentwegt verschmutzt und verdorben wird.

Hat irgendein anderer Planet auch einen solchen Mantel, von einigen weiß man mittlerweile, dass auch sie von einer Hülle umgeben sind, doch bei. deren Zusammensetzung sind sich die Gelehrten noch nicht ganz einig meistens sollen es giftige Gase sein.

Denn ob sie dann im Endeffekt auch der unsrigen Luft ähnelt oder vielleicht doch recht Lebensunfreundlich sind ist ja wohl bei allen noch nicht ganz ermittelt, da ja diese Messungen auf sehr große Entfernungen erstellt werden müssen.

Bei dem Einen oder Anderen vermutet man das der den Planeten umgebenden stellenweise recht farbigen Nebel nichts anderes darstellt als eine geschlossene Abgaswolke der dort tätigen Vulkane und Geysiren und anderen Ausdünstungen des fremden Planeten.

Es ist wohl richtig zu vermuten, dass diese Luft oder die Gasschicht gewiss für den Menschen nicht unbedingt gesund und brauchbar ist.

Doch hat sich vielleicht dort unter dieser noch nicht ganz geklärten Konstellation doch irgendeine andere uns unbekannte Lebensform entwickelt der die für uns hochgiftige Luft nichts anhaben kann.

Diese Frage zu klären ist eine der wohl wichtigsten Aufgaben der zurzeit laufenden Raumfahrtgeschichte aber ganz gewiss nicht die letzte sehr wichtige Klärung.

Aber dazu wäre doch wohl ganz gewiss so was wie eine Lichtgeschwindigkeit von Nöten sie ist bei Impulsen vom Licht wohl möglich aber für eine schnelle Transportart ist es noch fraglich ob es so etwas einmal geben wird das ist heute noch nicht zu beantworten.

Aber es wäre schon ein riesiger Zufall einmal einen Planeten zu finden der in den gesamten Konstellation und wichtigen Komponenten der Erde gleich wäre und für eine eventuelle Besiedlung von uns sich als geeignet darstellen würde.

Vielleicht werden irgendwann einmal die Erdenbürger eventuell auch nur rein zufällig erfahren ob noch irgendwo Lebewesen, ob nun riesig groß oder Mikroskopisch klein, vielleicht auch mit menschlicher Gestalt oder in einer für uns noch unvorstellbaren Form gibt.

Doch eins dürfte man wohl voraus sagen können das die menschliche irdische Intelligenz dort nicht zu erwarten ist denn die ist in tausenden von Jahren von den Begebenheiten auf der Erde so geformt worden.

Denn es ist nicht zu erwarten, dass auf anderen Planeten eventuelles gleiches Geschehen auch gleiche Resonanzen und Entwicklungen hervorgerufen haben können.

Also man darf nicht erwarten, dass die uns bekannte Intelligenz auf der Erde ein Maßstab auch für Außerirdische Intelligenz sein kann, sie könnte viel größer und somit Umfangreicher oder aber auch wesentlich geringer sein, also eine nach unseren Vorstellungen dürfte da keine direkte Gleichstellung zu erwarten sein.

Bei einem eventuellen vielleicht zufälligen Zusammentreffen müsste man sich wirklich überraschen lassen wie sich das dann darstellt und äußern würde.

Wenn man die doch lange Erdengeschichte mal ohne irgendwelche Vorgaben und Bedenken betrachtet dann kann man feststellen das die Mutter Erde schon gewaltige Katastrophen, Umwälzungen und unglaubliche Vorgänge verdaut hat.

Dann sollte man annehmen sie wird auch die Menschheit überstehen nur das Wie wäre dann schon wieder eine gravierende Frage.

Denn es gibt doch tatsächlich immer wieder einige Erdenbürger die ohne mit der Wimper zuzucken den Weiterbestand der Erdenbewohner nur für das eigene Wohlergehen aufs Spiel setzen würden.

So ganz nach dem eigennützigen Motto Hauptsache der eigene Profit ist entsprechend hoch, doch ich frage mich was nützt diesen Menschen der größte Reibach, wenn sie damit sogar ihre eigene Existenz und die der ganzen Welt in Frage stellen.

Man sollte doch meinen soviel Unvernunft auf zwei Füßen das kann es nicht geben, aber die Vergangenheit hat gezeigt, dass für solchen Irrsinn und Aberwitz sogar noch Spießgesellen gefunden werden können.

Doch die Wirklichkeit holt uns dann doch schnell immer wieder ein denn der Irrwitz und Wahnsinn den vor einigen Jahren einige Länder und Wissenschaftler betrieben haben war schon hart an der Grenze der Verträglichkeit unserer Erde.

In unzähligen Offenen und im Besonderen bei Unterirdischen Atomversuchen wurde genau betrachte eine nicht wiedergutzumachende Vergewaltigung unserer Erdkugel begangen sie wurden damals meistens, wenn eben möglich auch total verschwiegen, vielleicht auch weil man wusste welche Gewalt unserem Planet damit angetan wird.

Manche dieser verheimlichten Versuche wurden sogar in sehr entfernten Regionen Erdbeben gleich über die Seismographen gemessen.

Diese gravierenden Vorgänge wurden aber von den maßgeblichen Personen damals schon regelrecht verharmlost, so als ob irgendwo nur etwas Unbedeutendes umgefallen wäre.

Doch dass diese Vorgänge gar nicht so harmlos waren wie deklariert, hat sich ja dann doch bald bestätigt, als die verschiedensten Messstationen Daten von recht kräftigen Erschütterungen bekannt geben konnten.

Wenn diese Bomben nicht so eine verheerende Gewalt hätten würden ja auch die verschiedenen Staaten die über eine derartige Waffe verfügen nicht in bestimmten Situationen mit Ihnen drohen.

Eine Atombombe hat nun mal eine ungeheure große Kraft in der Explosion von den begleitenden Verbrennungen und Vergiftungen mal ganz abgesehen, die ganze Palette der unangenehmen Begleiterscheinungen hat damals der Entdecker Hahn auch noch nicht ahnen können.

Alleine die Druckwellen und die ungeheure Erschütterungen sind stellenweise fast heftiger als ein Erdbeben oder Vulkanausbruch bei diversen Messstationen festgestellt worden.

Solche aber vor allem auch natürliche Erderschütterungen werden Weltweit mit deutlichen Erschauern und Graus wahrgenommen.

Mittlerweile ist ja bekannt, dass die Erdkruste nicht nur aus einer den Erdkern umschließenden Schale besteht, sondern in verschiedene Erdteilplatten sich aufteilen, die aber ständig in Bewegung sich befinden.

Somit kommen sie sich gelegentlich mit unvorstellbarer Gewalt auch zu nahe, aus solchen Zusammenstößen mit kräftigen Verwerfungen sind im Allgemeinen ja vor unendlichen Jahren die Gebirge auf der Weltkugel damals auch entstanden.

Auch wenn mal dreißig oder fünfzig Jahre ohne größere Erderschütterungen vergangen sind, ist die Erde noch lange nicht als unbedingt ruhig in ihrer gesamten Struktur zu bezeichnen und anzusehen.

Welche Gewalten sich da hin und wieder austoben können hat man schon oft mit entsprechenden Naturereignissen wie Erd oder Seebeben erleben können.

Ein Tsunami ist um ein Vielfaches stärker als eine gefährliche Sturm oder Springflut, weil durch das Ruckartige heben oder Senken des Meeresbodens unglaubliche Wassermassen sich in Bewegung setzen.

Um dann mit sogenannten Monsterwellen von mehreren zum Teil noch mehr als zwanzig Metern Höhe und ungeheurer Gewalt in kürzester Zeit auf das Festland treffen.

Wissenschaftler versuchen schon seit vielen Jahren Möglichkeiten zu finden solche Naturereignisse vorab zu erkennen.

Um auch die verheerenden Folgen von solchen Naturerscheinungen zu mindern oder die Menschheit vor größerem Schaden zu bewahren oder rechtzeitig zu warnen und informieren

Doch wenn man dann bedenkt das wissentlich durch viele Atomversuche solche schweren Erschütterungen der inneren Erdkruste hervor gerufen wurden um angeblich das Erdverhalten zu studieren.

Damit aber genau genommen nur die Zerstörungskraft dieser Bomben festzustellen versuchte.

Es können auch Heute noch nicht diese damaligen gravierenden Erdvergewaltigungen durch diese unsinnigen Versuchsreihen als unbedenklich und unbedingt nötig deklariert werden.

Hier muss man doch stellenweise an der Zurechnungskraft mancher dafür Verantwortlicher zweifeln, weil die erworbenen Erkenntnisse für die Menschheit aus diesem Tun nicht im Geringsten den angerichteten Schaden aufwiegen können.

Hier stellt sich aber auch eine ganz andere Frage, hat dieser vor gar nicht so langer Zeit vielfach begangene Irrsinn uns auch vielleicht einen nicht unwesentlichen Teil der heutigen Klima Veränderung eingebracht.

Denn ein wenig mit der Logik spekuliert, könnte es doch auch sein das diese gewaltigen fast verheimlichten unzähligen Unterirdischen Versuche mit einer solchen ungeahnten Gewalt tatsächlich eine kleine Erdachsen Verschiebung hervorgerufen hat.

Man muss dabei auch bedenken, dass diese Versuche ja über Jahre hinweg fast alle und immer in einer bestimmten entlegenen Erdregion bei einem unbewohnten Atoll stattgefunden haben.

Das diese Erschütterungen keine dementsprechende sichtbare Auswirkungen gezeigt hatten wurde noch nie grundlegend und fundiert dargelegt oder Aussagen widerlegt hat, ob nicht doch ein Schaden entstanden ist da übt man sich überwiegend in Schweigen.

Wenn man einen freischwebenden Gegenstand, sei er noch so massiv und schwer, immer an der gleichen Stelle durch Erschütterungen auch nur leicht in Bewegung setzt so verändert sich ja doch auch dessen Urstandort und sein eigentlich bekannter Kernmesspunkt.

Wie viel Zentimeter, oder gar Erdgrade sind da verschoben worden, ist der Pol heute noch immer da wo er mal berechnet wurde. Sind unsere Pole noch Pole mit ihrer zentralen Geltung, oder liegt der wirkliche neutrale Mittelpunkt mittlerweile schon wo anders.

Bei allen beschönigenden oder verharmlosenden Berichten, wenn überhaupt etwas berichtet wurde konnte man darüber eigentlich nichts Endgültiges erfahren oder wurde sogar noch gar nicht in eine solche Richtung gedacht.

Wenn man bedenkt das es auch von diversen anderen Staaten solche Versuche gegeben hat dann kann man nur konstatieren unsere Erde wurde schon sehr oft nur um die Zerstörungskraft einer Bombe zu testen unnötig ernsthaft kräftig nutzlos verschüttelt, denn die gesamte Aktion diente nicht dem Volkswohl sondern nur dem übersteigerten Geltungsbedürfnis einiger weniger.

Doch das diese vielleicht total unnötigen vielen unzähligen Versuche mit dieser ungeheuren Gewalt keine Auswirkungen gehabt haben kann im Grunde nicht sein, doch man begrenzte die damaligen öffentlichen Verlautbahrungen auf die allernötigsten Fakten.

Wenn man eine Kugel in den freien Raum hängt und an einer bestimmten der Mitte abgewandten Seite eine Erschütterung hervorruft, bewegt sie sich beachtlich wie ein Pendel.

Diese Versuchskugel ist aber angebunden, wenn man den gleichen Versuch in einen Schwerelosen Raum machen würde, wie würde sich die Kugel dann verhalten

Von der Logik geleitet kann man davon ausgehen, dass sie sich vom Ort der Erschütterung entfernen würde, oder zu mindest in einer vielleicht leichten teilweisen Drehung der Kugel sich bewegt.

Über eine derartige natürliche Resonanz oder Bewegung der Erde hat man aber eigentlich nie etwas Grundlegendes vernommen.

Die diesbezüglichen Aussagen bezogen sich immer auf die erzielten vermeintlich wichtigen Punkte, doch alles was man in Bewegung bringt hat auch seine negativen Aspekte doch das wurde und wird gern verschwiegen.

Ein großer kluger Mensch hat einmal recht deutlich gesagt, ein Mensch ist sich im Grunde sein eigener größter Feind, denn er zerstört für eine Idee ohne Zögern seinen eigenen Grund und damit auch sein eigenes Dasein.

Denn im Grunde ist doch mittlerweile schon fast klar, dass man hier vielleicht unwissentlich indirekt den verkleinerten Urknall hervorgerufen hat aber in der Wissenschaft kann und sollte man wohl kaum von einer wirklichen Unwissenheit ausgehen.

Wie viele Zentimeter Verschiebung der Erdachse haben sich bei den unzähligen Versuchen denn ergeben, davon hat man keine Silbe bis heute verlautbaren lassen oder vielleicht nur verklausuliert und beschönigend geäußert.

Sollte man wirklich annehmen das solche Dinge nicht gemessen und festgestellt wurden, solch eine Nachlässigkeit und Blauäugigkeit ist doch wohl unglaublich und kaum vorstellbar und erschüttert doch auch ein wenig die Glaubwürdigkeit der Wissenschaftler.

Oder hat man der vielleicht nur in Zentimeter erschienenen Veränderungen keinen maßgeblichen Wert beigemessen.

Ein Wissenschaftler der diesen Aspekt total verleugnet und so tut als sei alles in bester Ordnung und als es ist fast nichts geschehen deklariert, dem sollte man eigentlich seine Approbation entziehen, denn er ist dann kein ernsthafter Wissenschaftler, sondern nur ein wortreicher Märchen und Geschichtenerzähler oder Fakten Verleugner.

Wie viel Veränderung der Erdachse und des Gleichgewicht der Erdkugel bedarf es eigentlich, dass es auf der Welt von Experten deutlich wahrgenommen und öffentlich benannt wird.

Oder ist dieses eventuell schon längst geschehen und uns nur mit beschönigenden und beruhigenden Worten wie Globalverschiebung oder Klima Veränderung oder Ähnlichem verpackt genannt worden.

Vielleicht aber auch schon diskret leicht verklausuliert mitgeteilt worden und das jetzige Klimaverhalten ist tatsächlich auch eine Reaktion von den Vorgängen.

Oder wäre eine klare Aussage über diesen Faktor zu brisant und belässt man es auch heute wieder dabei die Bevölkerung ohne eingehende Information zu belassen.

Selbstverständlich wird jetzt jeder entsprechend gebildeter Mensch behaupten das dieses eben nicht so sei doch da möchte ich schon fast wetten er bleibt auch hierbei den Beweis dafür schuldig.

Weil man den heutigen Standort des Kernmesspunktes offiziell ja immer noch als den Alten wie seit sehr langen Jahren bezeichnet, aber ob es so auch ist wäre wirklich interessant einmal zu erfahren.

Denn dann wären die alten Breitengrade ja auch nicht mehr richtig, wie viel Prozent Veränderung der Erdachse bedarf es eigentlich um eindeutig die Witterung deren Veränderungen den künstlichen übernatürlichen Erderschütterungen von damals zuschreiben zu können.

Wenn die Graduierung nicht mehr stimmig ist, ist dann auch der jeweilige Pol dann vielleicht dann auch nicht mehr richtig.

Dabei kommt mir schon wieder eine Frage in den Sinn, wieso ist die Erdachse nicht genau mittig angeordnet.

Hatte der doch unbestritten kluge Mensch der das irgendwann einmal festgelegt hatte hier nur einen Rechenfehler oder nicht die technischen Möglichkeiten um die genaue Mitte der Weltkugel mittig auszumachen und zu bezeichnen.

Denn ein Pol bedeutete doch immer und überall den zu fixierenden neutralen Mittelpunkt. Wie kann es denn dann sein, dass unsere Pole nicht mittig angegeben werden und liegen, sondern um etliche beachtliche Kilometer daneben.

Wie dem auch sei, es bleibt bei der Erkenntnis eine geringfügige Verschiebung der Erdachse würde ja auch so manche Klima Veränderung in den Jahreszeiten erklären und vielleicht auch bestätigen.

Denn zurzeit mutet es einem doch schon so an, als ob unsere gemäßigte Klimazone wie Deutschland sich Klimamäßig immer mehr den Südlichen Gefilden und Witterungen annähert.

Denn die Sommer werden bei uns immer Heißer und die Winter immer Milder, ein schöner kalter Wintertag mit einer Schlittenfahrt zu Weihnachten war lange Zeit ein Synonym für diese Jahreszeit.

Doch dass ist mittlerweile auch schon fast eine Rarität geworden, dazu muss man sich schon in entsprechende Landstriche begeben. Direkt vor der Haustüre wird man da schon nicht mehr Schlittenfahren höchstens noch in etwas Matsch laufen können.

Heutzutage ringt man in den zuständigen Gremien Weltweit um nur ein halbes Grad der Erderwärmung, man streitet ob es nicht besser angebracht währe eineinhalb statt zwei Grad der Erwärmung als fester Maßstab gelten soll.

Dieses Gerangel ist für einen Nichtfachmann dieser Angelegenheit wie das streiten um des Kaisers Bart eben total sinnlos und unverständlich.

Doch wenn man die Realität dann genau betrachtet, ist es wahrhaftig schockierend, dass sogar sichtbar das Pol Eis stark schrumpft und die Meere stetig ansteigen. Das auch gewaltige Stürme und Unwetter in immer größeren Umfang auch in Landstrichen vorkommen, in denen man bislang sich davor sicher wähnen konnte.

Man macht dazu die Abgase der Autos und der Industrie Hauptsächlich verantwortlich.

Doch sollten diese Größenwahnsinnigen Unternehmungen der Versuche von damals tatsächlich mit einer der Auslöser für die heutige Klima Veränderungen mit Schuld sein, so könnte man sie im Nachhinein nur noch als eine besonders große Dummheit einiger Weniger bezeichnen.

Denn einen sichtbaren und wirklich brauchbaren Nutzen für einen normalen Erdenbürger ist nirgends zu finden, außer das eventuell irgendein Wissenschaftler oder Kriegs und Staatchef sich mit etwas Irrwitzigen aber Unnützen rühmen kann und konnte.

Die Geschichte hat ja auch schon einige Male gezeigt das große Genialität sehr nahe neben der enormen großen Dummheit zu finden ist, nicht umsonst sagt der Volksmund die Dummheit ist der große Bruder der Intelligenz, obwohl sich die Beiden nie miteinander vertragen werden, treten sie fast immer gemeinsam in Erscheinung.

Die Staffelung würde man dann wohl doch so machen können, nach einer vermeintlichen genialen Idee kommt der Größenwahn und die Überheblichkeit und endet dann in völliger Dummheit.

Doch Intelligenz und Klugheit kann man sich nicht herbeiwünschen und auch nicht direkt züchten sie ist im Ansatz entweder vorhanden oder eben nicht.

Aber auch ein minimaler Bestand muss gepflegt und gefördert werden sonst verkümmert auch dieses geringere Potenzial.

Egal wie viel, man sollte sie dann aber auch richtig benützen, wenn sie vorhanden ist, das Wie muss man aber wiederum auch lernen sonst geht so manches völlig daneben.

Die Dummheit und dem meist damit verbundenen Übermut, der große Bruder der Intelligenz ist im Grunde bei jedem Menschen zu finden, der eigentliche Unterschied liegt darin wie man damit umgeht, man muss sehr viel im Leben lernen um ihnen nicht eine zu breite Basis zu geben.

Je mehr man an Erfahrungen aufnimmt umso weniger läuft man in Gefahr von Ihnen vereinnahmt zu werden oder sie macht sich dann sogar noch verstärkt bemerkbar.

Doch wenn man der Geruhsamkeit mehr frönt und das ständige dazu lernen vergisst ist man sehr schnell im deutlichen Gefahrenbereich. Es ist irgendwie verblüffend Intelligenz ist etwas was sich vermindern kann, wenn man sie nicht richtig benutzt und pflegt, aber die Dummheit kann im Gegensatz dazu eher zu nehmen.

Dass auch eine um sich greifende Bequemlichkeit sehr nahe an der Dummheit angesiedelt ist kann man fast tagtäglich feststellen denn ein Mensch dem alles zu mühselig erscheint geht auch bewusst gefährlich mit seinem persönlichen Wohlergehen um weil Ihm eben alles zu viel ist.

Er spielt vielleicht auch schon mal unbewusst mit seinem sogenannten Glück, wenn es dann mal daneben geht hat man eben Pech gehabt.

Aber es gibt da schon einen sehr alten Spruch:

„Es gibt kein größeres Leid

Als dass man sich selbst an deit (antut)

Es ist mit Abstand das größte Leid,,

Wenn sich aber eine gewisse Gleichgültigkeit mit einer hohen Rendite Erwartungen sich paart, dann ist das aber schon sehr bedenklich um nicht zu sagen eher allgemein schon recht gefährlich.

Man braucht nur die allgemeine Agrarwirtschaft und deren Veränderungen in den letzten Jahren als warnendes Beispiel nehmen. Die monotonen gigantischen Ausdehnungen der heutigen bewirtschafteten Felder spricht für sich alleine schon recht dicke Bände, mit den Begradigungen und der Entfernung der störenden Randbewachsungen hat man sich den vermeintlich besseren Arbeitsbereich für die immer größer werdenden Landmaschinen geschaffen.

Das könnte man auch als einen komischen Selbstläufer ansehen, erst macht man das Land so flach und weit wie eben möglich, um mehr Ertrag zu erwirtschaften, dazu braucht man größere Maschinen die aber dann um rentabel zu arbeiten wieder noch größere Flächen am Stück benötigen.

Mittlerweile träumt man sogar schon von unbemannten selbst fahrenden Maschinen die von zu Hause aus per Computer überwacht und gesteuert werden.

Dem Landwirt würde so etwas ganz gewiss gefallen aber der Natur keineswegs, denn durch die jetzt schon gehandhabte Landarbeit wird die natürlich nötige Mitarbeit der Insekten und der gefiederten Erdmitbewohner fast gänzlich unterbunden.

Wer bitte schön soll denn da die Bestäubung und noch viele andere wichtigen Tätigkeiten wie Bodenlockerung und Verbesserung übernehmen, wenn die Agrarflächen fast schon Fabrikartig bearbeitet werden.

Muss hier dann wieder mal die allgegenwärtige gewaltige Chemie solche Arbeiten der Einfachheit wegen übernehmen doch wie viel Chemie kann unsere Erde denn noch vertragen ohne endgültig zu Kollabieren.

So ein gewaltiger Eingriff in den natürlichen Ablauf rächt sich bereits jetzt schon nach nur wenigen Jahren, in einigen asiatischen Landstrichen muss der Mensch stellenweise jetzt schon die Bestäubungsarbeit der Bienen übernehmen.

Das dringend benötigte Klima in der Felderstruktur kann sich ja stellenweise gar nicht mehr bilden, wenn keine unterbrechenden Schattenbereiche mehr auf extrem weiten geebneten Flächen geduldet werden. Diese monotonen unglaublichen Flächen können mittlerweile von den Insekten schon gar nicht mehr überflogen werden.

Wenn nur wegen der Rendite rigoros unendlich große alte Baumbestände gerodet und Flächen zu monotonen weiten Feldern umgestaltet werden und das nicht nur in weit entfernten Urwäldern, sondern auch in unseren eigenen Breitengraden.

Muss man doch wirklich stellenweise an dem Geisteszustand mancher der Entscheidung tragender Personen zweifeln, denn der Reibach von Heute könnte der Hunger der nächsten Generationen bedeuten.

Die heutigen schon sichtbaren großen Veränderungen des Klimas sind also Schlussendlich auch schon aus kleinen Sünden unserer Altvorderen im laufe der Zeit von rund einhundertfünfzig Jahren entstanden.

Auch damals hat man schon eigentlich nur die Neuerung mit der aufkommenden Technisierung im Sinn gehabt und nicht an das daraus Folgende was daraus werden könnte gedacht.

Denn es war zu der damaligen Zeit vollkommen gleichgültig wie viel Schmutz und Gifte in die Luft geblasen wurden, zur Not bei Auffälligkeiten wurden nur die Kamine immer höher.

Hier zeigt sich eigentlich überdeutlich, dass diesen Herrschaften nur der Reibach und nicht das Leben seiner Nachkommen wichtig war und ist.

Doch auch hier stellt sich doch die Frage wie soll ein Nachwuchs Agrarier denn noch etwas bewerten oder tun was er nicht kennen gelernt hat und höchstens noch aus irgendwelchen alten Schriften oder Unterlagen herauslesen kann. Aber die mittlerweile fortgeschrittene Technik verhindert dann auch einen gewollten Rückschritt zu einer natürlichen Arbeit schon wieder.

Wie schon erwähnt, ob im weiten Weltall später auch mal solche menschlichen Lebensformen und ihre Begleitumstände zu finden sind, wird vielleicht irgendwann einmal geklärt werden, ob nun in diesem oder vielleicht einem der nächsten Jahrhunderte.

Da stellt sich aber auch schon wieder eine Frage wie alt könnten unsere Weltall Mitbewohner denn überhaupt sein oder werden, wäre das eine Spekulation, da man bis heute noch keinerlei Vergleichsmöglichkeiten besitzt wird das bis auf weiteres eben noch eine interessante aber auch unbeantwortete Frage bleiben.

An solchen nicht ganz unwichtigen grundsätzlichen Fragen kann man ganz schnell verzweifeln, weil viele Auslegungen und Deutungen möglich sind, aber keiner dann die Richtigkeit bestätigen kann und will. Denn wie man sieht mit jeder Antwort taucht anscheinend bedingt mindestens eine neue Frage auf, aber dass ist ja wohl auch genau genommen das tägliche Brot für einen Forscher und Wissenschaftler.

Da kann man eigentlich nur anmerken und appellieren bleiben sie kritisch auch wenn sie kein ausgewiesener Fachmann sind, denn nicht alles was sich gut anhört ist auch gut.

Genau so sollte man auch bis ins Alter wissbegehrlich sein und bleiben denn alles Neue muss nicht unbedingt verteufelt werden, vieles ist zwar total unnötig aber auch vieles kann das allgemeine Leben ungemein erleichtern.

Leider ist es aber auch seit Generationen schon so, dass vieles was von einem Wissenschaftler oder Fachmann vorgetragen wurde für einen Normalmenschen ohne Hochschulbildung kaum verständlich erscheint. Selbst darum sollte man öfter einfach mal nachfragen und nicht alles auf sich beruhen lassen.

Denn damit stellt man sich bestimmt nicht gleich das Zeugnis eines Unwissenden, sondern eher das eines wissbegierigen Menschen aus.

Eigentlich ist noch recht viel Zeit auch über nach außen hin unnötige Dinge sich das Gehirn zu zermartern, um vielleicht auch mal etwas mehr als das alte leidlich bekannte Schulwissen zu erfahren. Denn nichts ist doch so befriedigend wie das finden und erfahren von Antworten auf immer wieder auftretende quälende offene Fragen.

Das Alter eines Menschen schützt vor aufkommenden Fragen besonders eben bei tiefgreifenden nicht, man sollte sie aber auch stellen. Dass ist und wäre gewiss nicht ein Zeichen von Dummheit und Unwissenheit, sondern eher eins der eigentlich natürlichen Wissensbegierde, denn nur wer keine Fragen stellt bleibt dauerhaft unwissend.

Zudem kann man feststellen, dass das Fragen stellen nicht nur den eigenen Denkapparat in Bewegung halten kann, sondern auch sein Gegenüber zu Überlegungen anreizt was eventuell sonst nicht geschehen würde.

Aber intensive geistige Bewegung ist genau so Gesundheitsfördernd wie aktiven Sport betreiben. Was im Alter ja nicht jedem Menschen mehr möglich ist, doch auch wenn eine gesundheitliche Störung vorliegt sollte man das Denken nicht auch noch einschränken.

Auffallend ist aber doch auch dass fast schon automatisch auf eine gegebene Antwort mindestens eine neue Frage entsteht, weil ja jedes Ding mehrere Deutungen und Sichtweisen haben kann.

Diese hier angesprochenen Fragen und auch eventuellen Antworten wurden nicht unter einem wissenschaftlichen Aspekt gestellt, sondern aus einfacher menschlicher Wissbegier und mit etwas Logik.

Und bei allen eventuellen auch dringlichen Fragen sollte man auch den vielleicht beruhigenden Blick in den Abendhimmel nicht vergessen. Denn der Volksmund sagt es doch auch schon seit Ewigkeiten, dass alles doch in den Sternen steht.

Was denn, wo denn und wer kann dieses denn richtig lesen vielleicht auch nur deuten und schon haben wir hier wieder mindestens aber nicht nur eine offene Frage.

Viele große geniale Forscher wie Newton, Einstein und noch einige andere haben schon vor etlichen Jahren viele offene Fragen beantworten können, was aber damals nicht immer auf viel Verständnis gestoßen ist und Beweise für die Richtigkeit zum Teil erst viele Jahre später die Aussagen und Thesen bestätigten.

Doch es bleiben doch noch unzählige Mal mehr oder weniger wichtige offene Fragen die stellenweise und teilweise im Ansatz oder verklausuliert zwar anscheinend mal geklärt worden sind, aber eben doch nicht gänzlich und auch nicht immer für jeden verständlich.

Einige Forscher und Wissenschaftler dieser Materie werden mehrere der hier gestellten Fragen als schon längst beantwortet oder als nicht so relevant ansehen doch wie schon gesagt bei jeder Auslegung und Antwort ergibt sich aber mindestens eine neue Frage.

Zudem werden aus den heute angefangenen Untersuchungen und Forschungen zum Teil erst in einigen Jahren schlüssige Antworten zu erwarten sein, wenn überhaupt. Das sich im Laufe der Zeit auch manches noch beantworten oder auch richtig zu stellen lässt ist zu hoffen und wohl auch offenkundig.

Und daher ist trotzdem eine gesunde Neugier weiterhin ebenfalls ganz natürlich und auch geboten, um auch mal etwas mehr als nur die vermittelte allgemeine Schulbildung am Ende zu hören und zu erfahren.

„Mal ehrlich„ haben Sie nicht auch noch die Eine oder andere Frage trotz der schon bekannten Schulweisheiten die hier vielleicht noch gar nicht angesprochen wurden, halten sie nicht hinter dem Berg damit, sondern stellen sie doch einfach mal ihre Fragen.

Im Grundsätzlichen kann man nur feststellen, dass noch lange nicht alle Fragen gestellt und diese dann Wahrheit und Ordnungsgemäß beantwortet worden sind. Selbst da wo man der Meinung war und ist, dass doch schon alles beantwortet wurde, findet man ja noch Fragen oder auch recht unverständliche Antworten und Argumente.

Man hat vielleicht aus Bequemlichkeitsgründen bisher alles so hingenommen und auch schon einiges mittlerweile in der Zwischenzeit auch schon wieder vergessen.

Zudem mag es auch müßig erscheinen sich darüber Gedanken zu machen, weil der Alttag und das normale Leben doch schon genug wichtige und drängende Fragen und Aufgaben mit sich bringen. Aber so manche gelöste als nebensächlich angesehene Frage hat mit der Klärung für so manchen Erdenbürger eine beachtliche Lebenserleichterung mit sich gebracht.

Der Autor ist sich sicher das so manches hier aufgeführtes für einen Wissenschaftler schon ein recht alter Hut ist, oder aber es sich auch für Ihn als eine wirklich ganz schön harte Nuss sich herausstellt.

Doch auch entsprechend geschulte und gelehrte Personen werden die eine oder andere Frage oder auch Antwort als nicht ganz so abwegig ansehen um nicht doch noch mal einen intensiven Gedanken daran zu verschwenden.

Denn selbst geklärte Fragen können eine Unzahl an neuen Fragen nach sich ziehen, eventuell bekommen die Wissenschafter auch neue erschöpfende Antworten auf viele Fragen bei dem zurzeit aktuellen Besuch nach sechs Monaten Flugzeit einer Marssonde.

Aber wer hat auch schon als normaler Mensch die Möglichkeit sich nur mit den ganz speziellen Fragen und Antworten zu beschäftigen und unzählige alte Schriften zu studieren um einen eventuellen Fehler im alten Generationen überschreitenden Gedankengut zu finden er muss sich doch in aller erster Linie um sein tägliches Brot sorgen.

Daher muss man wohl diese Zeitraubende Tätigkeit eben den dazu ausgebildeten Personen überlassen und hoffen dass diese uns das Geschehen auf unserer Erde und dem Ganzen im Himmel drum herum und in der Atmosphäre mit verständlichen Antworten näher bringen werden.

Bei allen spannenden Fragen und der damit verbundenen Gedanken sollte man aber die maßgeblichen Verbindungen nicht außer Acht lassen dass alles was Himmel und Erde betrifft nicht gänzlich für sich zu bewerten ist.

Auch wenn im Moment scheinbar noch keine direkte Lösung für die allgegenwärtigen Probleme der Klimaerwärmung in Sicht zu sein scheint ist es sehr wichtig dieses wirklich große und immer dringlicher werdende Problem nicht auf eine lange Bank zu schieben, sondern ständig daran zu arbeiten.

Doch besonders wichtig ist hierbei die Wurzel eines Übels zu entfernen und nicht nur an irgendwelchen Symptomen als Augenwischerei herum zu laborieren. Denn wie schon erwähnt kann man doch konstatieren von nichts kommt auch nichts.

Somit hat auch alles auch wenn man es noch nicht miteinander gedanklich verbunden hat aber irgendwo doch seine Herkunft und auch Existenzberechtigung hat.

Auch wenn sich einem nicht sofort der Nutzen oder auch Schaden einer Handlung erschließt doch der Nachwuchs muss sich mit den Ergebnissen aller unserer heutigen Unternehmungen, Errungenschaften und Umweltsünden auseinandersetzen und damit direkt oder vielleicht auch indirekt leben.

Der Autor wünscht ihnen ebenfalls auch noch sehr viele offene Fragen und vielleicht auch hier und da eine schlüssige Antwort darauf und uns, dass die Wissenschaft und Wirtschaft nun schnellstens auch die wirklich natürlichen Vollverrottbaren Kunststoffe beschert.

Vielleicht auch die Antworten auf die noch nicht gestellten oder immer wieder gestellten aber doch unzureichend beantworteten Fragen.

Zudem hoffe ich auch insgeheim und inständig das recht bald noch viele Fragen dieser Art beantwortet oder auch wirklich hinfällig werden können und uns und unserem Erdball ein erneuter großer oder auch kleiner Urknall erspart bleibt.

Was durch die sichtliche und nötige Zunahme einer Vernunft von maßgeblichen Personen und der allgemeinen Bevölkerung für unsere Welt wirklich wünschenswert wäre denn eine florierende Wirtschaft ist ja auch zwingend erforderlich doch nicht unbedingt auf Kosten unserer Nachkommen wegen unmäßigem Rendite denken.

Es drängt sich einem doch die Frage auf wieso die Brennstoffzellen Technik nicht sofort in die aktuelle Diskussion wieder aufgenommen wurde da diverse Firmen schon vor Jahren sich mit dieser Technik befasst haben wobei aber Heute die bisherigen bekannten Probleme nicht mehr so relevant sind.

Vielleicht lässt eben diese neue Entwickelung der Handhabung mit dem Klimaneutralen Wasserstoff durch eine neuartige Emulsionsbildung statt hoher Druck oder großer Kälte die bisherigen Einsatzbeschränkungen hinfällig werden und die von Verbrennungsmotoren erzeugten Giftstoffe hoffentlich sehr bald nur noch Geschichte sind.

Das frappierende an dieser neuen Methode ist alleine schon das fast die gesamte alte Infrastruktur für Lagerung und Transport brauchbar bleibt und selbst die Tankstellen weiterhin betrieben werden können.

Auf dem Riesen großen Automarkt wurde mit dem einmal hoch gelobten Diesel aus reiner Gewinnsucht kräftig manipuliert, jetzt versucht man durch fadenscheinige Prämien den nun stagnierenden Markt wieder zu beleben. Eins ist unleugbar Manipulation ist und bleibt Betrug, einem beflissenem Ingenieur nun den schwarzen Peter zu schieben ist mehr als schäbig.

Denn ohne die Absegnung und der Unterschrift des obersten Firmenchefs hätte diese Angelegenheit und Aktion wohl gar nicht stattfinden können. Dabei wird nun aber geflissentlich übersehen das eine solche auch strafrechtliche relevante Manipulation genau genommen ein bewusster Betrug am Kunden war und ist.

Denn mit der automatischen Abschaltbarkeit der speziellen Steuergerätschaften ist ja auch die betrügerische Absicht eindeutig belegt, hier kann keiner von den maßgeblichen Ingenieuren und deren Vorgesetzten behaupten er habe keine Ahnung von diesen Dingen gehabt zu haben.

Nun soll aber der mit dieser Manipulation auf das schwerste getäuschte und betrogene Kunde soll auch noch der Kunde sein, der den Herrschaften die mit diesem Betrug Erfolgsprämien und Bonus in Millionen Höhe kassiert haben wieder den erhofften Umsatz bringen.

Wo aber jetzt schon absehbar ist. dass der Verbrennungsmotor allgemein in Bälde komplett ausgedient hat und auch die älteren Benziner neben den Dieselfahrzeugen keine lange Zukunft mehr haben werden.

Auch der Elektroantrieb zeigt in der Masse der zu erwartenden Stückzahlen von weltweiten Fahrzeugen und des damit verbundenen Verbrauchs auch Probleme auf die eine nicht gerade zu vernachlässigende Größenordnung annehmen wird.

Wenn man alleine bedenkt das die Batterietechnik doch auch sehr viel von den Raren Grundstoffen die die Erde besitzt und abgeben kann benötigt, wann wären hier den natürlichen Möglichkeiten schon Grenzen gesetzt, muss dann auch wieder Mal in die industrielle Trickkiste gegriffen werden.

Ganz zu schweigen von der Infrastruktur, der Strombereitstellung zur Aufladung der Akkus bis hin zur Haltbarkeitsgrenze dieser Speichermedien, zeigt schon im Voraus die Grenzen auf und auch die damit verbundenen späteren Probleme.

Denn auch ausgediente Akkus werden absehbar einen riesigen Berg von nicht gerade ungiftigen Müll abgeben, wo und wie bitte sehr möchte man mit diesem bedrohlichen Abfall dann Gesundheitsunschädlich umgehen.

Muss man sich dann auch wieder in näherer Zukunft von sogenannten kreativen Überlegungen und Taten von den dafür zuständigen Herrschaften in den oberen Etagen überraschen lassen, bisher ist über diese Angelegenheit noch nicht so viel Klärendes an die Öffentlichkeit gedrungen.

Zudem muss man sich aber wundern, wobei keine Missetat beschönigt werden soll, dass ein kleiner Ganove sogar in ein Gefängnis wandern kann und dass dann für einen verhältnismäßig geringeren Schaden und die Herren mit einem Millionenfach höheren Schaden praktisch unbehelligt bleiben.

So etwas ist genau genommen nicht verständlich, obwohl ich sagen muss ein Betrug ist und bleibt ein Betrug, wo die Größenordnung eigentlich auch nicht der Ausschlag gebende Faktor sein sollte.

Denn einen wirtschaftlichen und persönlichen Vorteil durch eine bewusste Manipulation zu erhalten, geht nun mal immer zu Lasten eines Anderen, eines Dritten, solch unlauteres Verhalten gehört unbedingt gestraft, ohne einen mildernden Faktor durch Stand und Ansehen einer Person.

In der Hoffnung auch Sie ein wenig für vielleicht nicht ganz alltägliche Fragen und Überlegungen animiert zu haben und meine Einladung zum Überlegen und Nachdenken für kurze Zeit wahrgenommen haben und das sie selbst vielleicht auch einige erleuchtende Erkenntnisse hatten.

Außerdem ist wohl zu erwarten sich im laufe der nächsten Zeiten in der Natur und in der Wissenschaft sich einiges an Änderungen ergeben wird, aber ob damit die Fragen weniger werden ist doch auch zu bezweifeln.

Es ist auch zu erwarten, dass das Eine oder Andere mittlerweile schon er und gefunden wurde aber in der Öffentlichkeit noch nicht klar erkenntlich dargestellt ist, es wäre sehr erfreulich man darf sich ja immer wieder auch überraschen lassen.

Wenn bisher noch nicht geschehen dann wünsche ich ihnen beim ihrem nächsten Mußestündchen viel Vergnügen beim Blick in das Firmament und beim indirekten Studium der Zeit und der Vergangenheit.

Doch Eins ist eine unwiderlegbare Gewissheit die unendlich vielen Gifte und die unübersehbare Masse an unverrottbarem Kunststoff wird uns und auch die nächsten Generationen noch lange und ernsthaft beschäftigen und gefährden.

Eine große und bedeutende Erfindung wäre es unbestritten in absehbarer Zeit doch die Möglichkeit zu finden, diese Unmengen von unnatürlichen Unrat in naturverträgliche Substanzen zu wandeln, damit sie wieder Humanverträglich in den normalen Kreislauf der Ernährung und des menschlichen Lebens eingebracht werden zu können.

Ich werde es mir in jedem Falle bei nächster Gelegenheit und angenehmer Temperatur an einem vielleicht lauen Abend wieder für eine geraume Zeit gemütlich in meinem Liegestuhl machen um vielleicht auch von einer neuen Urlaubsfahrt zu träumen, um bei der Mußestunde unser unendliches Firmament wieder auf`s Neue zu bestaunen

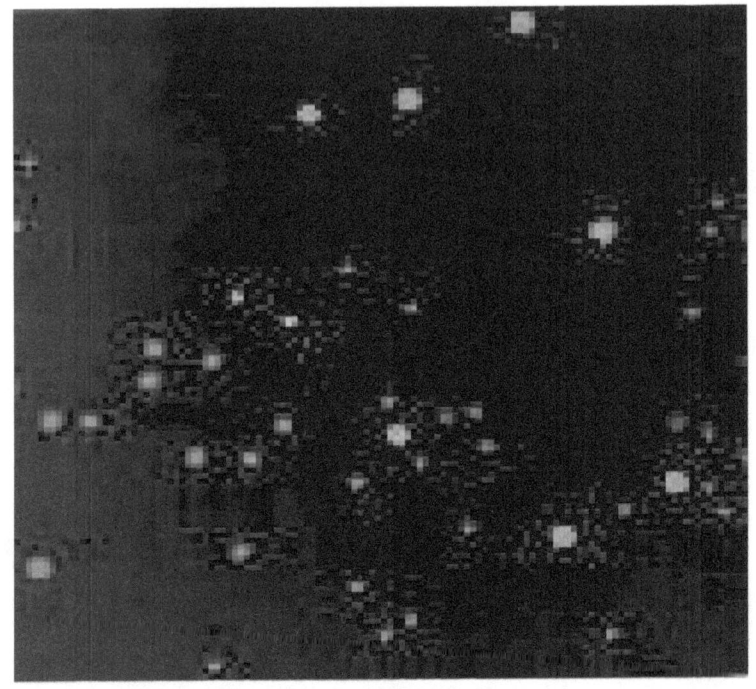

H.H.

Vielleicht geben die Gestirne
doch noch Rat und Hilfe!

Um vielleicht doch noch eine Antwort auf die Eine oder Andere Angelegenheit oder sogar auch noch ein paar neue kritische Fragen von und durch die Sterne zu bekommen.

Harry H.Clever

www.ingramcontent.com/pod-product-compliance
Lightning Source LLC
Chambersburg PA
CBHW031417210526
45464CB00005B/1922